WAKING UP—The Work of Charlotte Selver

Originally published by AuthorHouse
This edition is published for the benefit of the Sensory Awareness Foundation

目　次◉センサリーアウェアネス――つながりに目覚めるワーク

TABLE OF CONTENTS

序文……10
逐語録について……15

Part1
ずっとあったものに気づくこと

私たちは感覚をもって生まれてきた……20
純粋で静かな反応性の発現……22
「何をするか」ではなくて「どうやるのか」という問い……34
本当の自分になる決意……36
自分で発見する……37
教えられた世界と感じられた世界……39
「忘れなさい！」……44
「自分」とは何か？……46
しなくてもいい！……48
「そうであるべき」ではなく「どうありたいのか」……51
答えは私たちの中にある……55
感情的な反応と感じることは別もの……61

TABLE OF CONTENTS

今・ここにいる……63

Part 2

センサリーアウェアネス――より目覚めていくこと

内側を目覚めさせる……72
全ては、いつでも、新しい……76
生命の神秘……94
こころとからだの間に分け目はない……97
思考を手放す……99
内側の何かが教えてくれる……104
自らの感性への揺るぎない寛容さ……107
自分がもはや自分でない時に……110
目的地へ辿り着く……112
今の行いに全身全霊をかたむける……116

Part 3

自分を解放すること

私たちの自由を妨げるもの……120
興味をもって……121

それとともにある……123
呼吸はどうだろう?……126
「する」を手放す……134
「今日」は「いつか」ではない――今という日……143
あらゆるものに内側の気づきを……145
自分を動かす力を受け入れる……148
それにあずけて……154
呼吸による再生……156

Part4

感じるとは今の自分に触れること

感覚に従うことを学ぶ……166
選ぶのではなく……170
自分と自分以外に開かれるとは――内側と外側……173
他者と関わる……179
生きているということ……185
生命があなたを生きられるよう……189

クラス・セッション

【クラス・セッションA】呼吸を生きる実験……194
【クラス・セッションB】引力に自分をゆだねる——全ての生命あるものにそなわる上下の流れ……200
【クラス・セッションC】重力・スペース・エネルギー……242
訳者あとがき……249

WAKING UP

The Work of Charlotte Selver

センサリーアウェアネス◉つながりに目覚めるワーク

序文

シャーロット・セルバー（一九〇一―二〇〇三）が、センサリーアウェアネスと名付けたこのワークをアメリカに紹介したのは一九四〇年代のことです。彼女は一九二〇年代から四〇年代までを、ベルリンのエルザ・ギンドラーの生徒として過ごしています。エルザ・ギンドラーはセンサリーアウェアネスというワークの生みの親の一人であり、このワークを人間全体についてのワーク（Harmonische Gymnastic）と呼んでいました。もう一人の生みの親は、革新的教育者であり音楽学者でもあるハインリッヒ・ヤコビーです。

彼らのテーマは人間の本来的なあり方についてでした。その一つは、健康な人間は、その内側で感じ（impression）それを外へ向けて表現（expression）するための全ての可能性を、必ずたずさえて生まれてきているのだということ。二つ目は、もしこれらの可能性が開花していかないのなら、それは、私たちの初期教育のあり方が、その成長の妨げになっているのだということ。最後の一つは、動いたり、ただ呼吸をしたり、その他いついかなる時にも、私たちは今この瞬間に自分の中で何が起こっているのかに直接注意を向けることで成長し変化することができ、それがどんなものであっても、自分に与えられた役割に対して真っすぐに向き合うことができるのだということ。数えきれないほどの人びとが、大きな影響力をもったこの二人の教師と学び、その教えを広めていきました。こうして、彼らのワークは九カ国以上の国へと伝わっていくことになったのです。

シャーロットは、聴覚と視覚に障害をかかえながらも、二〇〇三年の一月までアメリカ・ヨーロッパ・メキシコでワークショップを行っていました。とはいえ、シャーロットも、その師であるエルザ・ギンドラーやハインリッヒ・ヤコビー同様、ワークについてはほとんど書き残していません。彼らの言葉のほとんどは、ワークショップの中で、その流れに添いながら、生徒の行動や彼らからの問いや状況への応答として語られてきました。ですから、何年にもわたる逐語録だけが、言葉によってこの極めて経験的なワークのエッセンスにかろうじて近づける唯一の手段なのです。

シャーロット自身、このワークの書物化にはほとんど関心がなかったのでしょう、長い間、彼女のクラスを録音した膨大なカセットテープの中から、ほんのわずかな部分のみがシャーロットの許可を得て文章化され、発表されたにすぎませんでした。ところが、一九七四年、シャーロットの二番目の夫であり同僚でもあるチャールズ・ブルックスは、彼自身の作品として、シャーロットのワークを本として出版しました。それが『センサリーアウェアネス――「気づき」――自己・からだ・環境との豊かなかかわり』（伊藤博訳、誠信書房、一九八六）です。続いて、もう一つの画期的な出来事が一九八〇年代初期に起こりました。シャーロットが、彼女のクラスで生まれたコメントやさまざまな交流の実際の姿を本の形で出版したいと考え始めたのです。そこで彼女は、彼女のクラスを録音したテープから本にするのによいものを選ぶよう私に頼みました。

当時、私はシャーロットのもとですでに一〇年近く学んでいましたし、一九七二年から七三年に行われた彼女の最初のロングターム・スタディ・グループ（九ヶ月間）のメンバーの一人でもありました。

とはいうものの、この仕事を引き受けることには相当に怖じ気づきました。はたして私に、シャーロットが本当に大切だと思うものをきちんと分かることができるだろうか？　どうすればシャーロットの耳で聴き、彼女の目で見ることができるだろうか？　最初の数ヶ月というもの、不安や迷いのなかで、私はシャーロットに幾度もこの問いについて話しました。そんな私の自分自身への疑いを、シャーロットはいつも励まし、最後には「あなたにとって一番大事なものを選び取りなさい」と言ってくれました。この言葉を得て、私はようやくこころを定め、手に入れられる限りの全ての逐語録を読み通し、多くのカセットテープを聴き始めました。続く年月、私はひたすら抜粋部分を記録し、修正を加え、ある部分は削除し、あるいは一度削除したものをまた加えたりしながら、原稿を書き続けていきました。編集段階では、長年にわたって共同編集者として別のプロジェクトでともに仕事をし、また私よりも長くシャーロットから学んでいるメアリー・アリス・ロシェから大きな力添えを得ることができました。彼女の協力のもと、わたしはこうした作業を、何度も何度も重ねていったのです。

本にするため私が取り組んだこれらのテープや逐語録は、シャーロットのワークショップ二〇年分以上に相当します。この本にクラス・セッションとして記されているものについては、そのワークショップが行われた日付と場所が記載されています。また本書の本体の部分は、これまでの膨大なワークショップの中から、多くの異なるクラスの一部を抜粋し、それらを組み合わせて書き上げました。

自分の教えを伝える方法、そこへの道行きを指し示す方法を、何とかして見つけたいというシャーロットの願いを考えれば、これらの抜粋を個別にバラバラで提示したり、あるいは気の遠くなるような脚注をつけて記したりすることは、私にとっては全く意味をなさないように思われました。この本を通して読者の方々に、あたかもここでシャーロットが語り、答えているかのように感じてもらえればという私の思いから、ここではテーマ別に記すことにしました（とはいえ、厳密には、センサリーアウェアネスをそのように分類することは不可能です。なにしろ、センサリーアウェアネスは一連の途切れのないワークですから）。本書の目的は、シャーロット自身の言葉のみを使いながら、彼女の教えをできるかぎり忠実に描き出すことにあります。どこをどのように抜粋したかということは、現実的な問題とはなりえません。私以外の人が同じ作業をすれば、別の選択をするかもしれません。そして、私たちは、この先もっと多くの、より多様なバリエーションが生み出されることを願っています。

シャーロットは、私たちが日常生活において、いつ、どんな時にもセンサリーアウェアネスを実践するのが大切だとつねに言い続けてきました。そのことが、私にとって唯一の、そして最も大切な彼女の教えとして刻まれています。この原稿に取り組んだ時間は、彼女のこの教えを生き生きと甦らせるとともに、その繊細さと確かさをよりしっかりと私の中に刻みつけてくれました。今では以前よりもずっと容易に自分を信じることができます。そして、自分が「バランスを欠いている」時には、それに対してどうしたらよいのかが分かります。それに、何よりも不思議なことに、自分の中で呼び覚まされた何かに耳を傾けるという習慣は、私の中でますます大きくなってきています。シャーロットのおかげで、どうやら私は虫にチクリと噛まれて目が覚めてしまったようです（訳者注：これはシャーロット独特の表現です。おそらくもともとは、就寝時に日本語で言う「お休みなさい」と同じ意味で使われる「虫に噛まれずに、ぐっすり眠りなさい」という英語の慣用句をアレンジしたものでしょう。つまり「虫に噛まれる」＝「目が覚める」ということです）。

この本は、感じることについての本です。感じることとは、自分に時間を与え、内側を十分に静めて、自らにそなわる全ての感覚を通して感じられてくるものに気づいていくという意味です。あなたも、もしかしたらいくつかの実験を試してみたいと思うかもしれません。その部分はイタリック体（本書ではゴシック体）を使って書き記しています。……の部分は、シャーロットがとりわけ無言で注意を促した部分であり、長い沈黙の時間を意味しています。

さあ、これで、事前に必要な事柄は全てお話したかと思います。

メキシコ　サン・ミゲルにて

ウィリアム・C・リトルウッド

二〇〇四年八月

逐語録について

一九三八年シャーロット・セルバー、旧姓・ヴィトゲンシュタインはアメリカへと移住しました。それまで彼女はもっぱらドイツ語のみを話していました。後に英語を流暢に話すようにはなりましたが、間投詞や構文においては彼女の母国語であるドイツ語が逐語録の中に何度も繰り返し現れます。たとえば、“Ja”（ドイツ語での Yes）という言葉がシャーロットの魅力さながらに規則的に挟み込まれていたり、“without that”という形式をもつ独特の構文が使われています。読者にとっては多少気になるところでしょうが、私たちはこれらをこっそり修正したり、すっかり省いてしまうのではなく、あえてこうした不揃いな言葉や構文をそのまま残すことにしました。

独学で英語を身につけたシャーロットのこうした言語的背景は、生徒たちにより彼女の言葉に集中させ、次にどんな言葉が語られるのかを待ちわびる心境にさせたと、かつてのシャーロットの生徒の一人は述べています。彼女特有の構文は、未来についての予測不可能な空間を作り出し、次々と新しいものが開かれていく時間をクラスに与えました。誰も彼女が次にどんな言葉を口にするか予測することはできませんでした。彼女の語りは、むしろそれまでとは違う新しい音楽作品を始めて聞くようなものでした。たとえば、〝あぁ！　今ちょうど鳥が飛んでいったわ〟と、観察した出来事をただ口にしているようでいて、一拍後には声の調子をコントラルト[1]に転調させ、深い声で「それを感じられましたか？」と問いかけるのです。

生徒たちがセンサリーアウェアネスを学ぶなかで、彼女は自身の声もその要素の一つとしていました。生徒たちは今も、彼女がいつも自分にとって自然に感じられる声の大きさで話していたこと、そしてそれはその時に彼女が置かれていた状況に完全に調和した大きさであったことを思い出します。大人数のクラスや広いスペースでは、それに合わせて声の大きさを調整しなければならなかったはずですが、彼女が声を張り上げたり、無理に大きな声で話したりしているような印象を与えることは一度としてありませんでした。こうした点からみると、彼女はまるで観衆の感性と会場の音響特性を直感的に感じとる歌手のようでもありました。

続く本編において、読者のみなさんはしばしば［カッコ書き］になった部分を目にされるでしょう。クラスの中で自然に起こった笑い声などがここに記されています。シャーロットは何かとても面白いことや可笑しいことに出会うと、即座にそれに応答しました。それはこころのこもった、喉をいっぱいに広げるような笑い声――描写が難しいのですが――でした。

ある生徒はこう言います。「シャーロットのコミュニケーションは、彼女のどこか深いところから紡ぎ出されてきました。そしてそれが、わたし自身の深いところへ触れてくるのです」。彼女は続けて「わたしは、彼女の言葉が、わたしという人間に直に触れているのを感じました。数々の実験の中で、わたしは自らのやり方で『わたし』という人間を表現する完全な自由を手にしているのを、いつも感じていました」と言っています。シャーロットの声は彼女自身の感覚につねに正直であり、彼女がセンサリーアウェアネスのクラスにおいてその瞬間に応答しているものに対してつねに紛れもない真実を映し出すものであったのです。

1　メゾ・ソプラノよりさらに低音域にある音。女声の最低音域。

私たちがここでやっていることをつねにこころに留めておいてください。
もしもそれがあなたの人生を変えないのなら、それには何の価値もありません。

もしもそれがあなたにとって、ちょっと一休みして再び生きる力を取り戻すためのオアシスのようなもので、あなたはしばらく休憩した後、またいつもの生活に戻ってそれまでと同じように行動するのであれば、こんな面倒なことをわざわざする必要はありません。

もしもそれがほんの少しずつあなたの人生を変えていくなら、あなたは少しずつその深みへと近づいているのです。

シャーロット・セルバー

Part 1

ずっとあったものに気づくこと

シャーロット　私たちが、あなたたちに教えることは何ひとつありません。私たちは、あなたたちの内側にあるもの、ずっと以前からそこにあったものを、あなたたちが見つけられるように手伝うだけです。私たちのメソッド（方法）とは、メソッドをもたないということなのです。私たちはとても繊細な探求、とても微妙な発見の旅への案内役です。その旅は、あなた自身の旅であり、あなた自身が歩まねばなりません。私たちが生き物としてそれぞれに生まれもっているものを、より繊細に、より完全に使った時、何がはっきりと感じられてくるのか——この旅は、私たち一人ひとりがさまざまな実験を通して、その答えを見つけていく発見の旅なのです。自分のリアリティにしっくりこない何かに出会ったとき、「そんなのナンセンスだ」[1]と表現することがありますが、このフレーズは決して無意味な言葉ではありません。そのナンセンスを感じ取ること、つまり感覚への鋭敏さを育み、感覚からのメッセージを十分に活かす可能性を開いていくこと。それが私たちのワークの中身なのです。

私たちは感覚をもって生まれてきた

シャーロット　センサリーアウェアネスは、私たち人間にとってきわめて自然なもの……あるいは、少なくともとても自然であるべきものです。私たちは誰もが生まれた時から感覚というものをそなえています。それをどう使うかについて特別な教育を受けなくても、私たちは生まれてすぐこれらの感覚を自然に使いはじめます。赤ちゃんや小さな子どもたちは、自分たちが出会う全ての物事を通して自然にこれらの感覚を成長させていきます。このままこうして成長していくことができたら本当に素晴らしいのですが、成長していく過程で与えられるさまざまな影響のせいで、たいていの場合、それぞれの感覚をバランス良く発達させていくことが不可能になっていきます。視覚と聴覚の発達が他のどの感覚にもまして促進される一方で、物理的に近接したものを感じるための感覚（触覚、味覚、嗅覚や運動感覚）はあまり使われることがなく、未発達のまま取り残されてしまいます。こうしてほとんどの大人たちが、もはや自分の感覚を完全かつ自由には使っていないという状況に直面するのです。

感覚を十分に使うようになるためには、生命という有機体（the organism）[2]が静かで落ち着いた、バランスのとれた状態にあることが必要です。それと同時に、物事に反応できる状態にあることも必要です。つまり、二つの一見矛盾し合うような状態のどちらもが必要なのです。一つは、感じられたことを聴き取るための静かな状態、そしてもう一つは、物事に反応できる生き生きとした状態です。

今日の教育は、学習者が間違わないように前もって注意し、あれやこれをしてはいけないと命じます。「ちゃんと注意して！」「人が話している時にはちゃんと聞きなさい！」「話をしている時には、その人の顔を見て！」「集中しなさい！」「頑張りなさい！」というように。こうした要求は、私たちの自然で健康的な応答の仕方を全く別の態度へと作りかえてしまいます。そうして子どもたちはだんだんと、見るために、あるいは聞くために、または嗅いだり、感じたり、味わったりするためには、何かしなければならないのだと思い込み始めるのです。そうした努力は、それがたとえほんの少しであっても、音や、景色や、その他全てのものについて、私たちが自分自身の感覚を通してそれらをありのままに十分感じ取る可能性を邪魔してしまいます。感じるための努力など本当は全く必要ないにもかかわらず、それを強いる状況をつねに自分に押し付け始めるのです。

純粋で静かな反応性の発現

シャーロット　私たちは思考が自然に訪れてくるものだとは考えもしません。そうではなく、「考える」ということをしなければならないのだと思っています。頑張って考えれば考えるほど、よりよく考えられる……と考えています。劣等感を植え付けるような現代社会の教育方法においては、私たちは有機的生命としてすでに十分に機能しており、何かを成し遂げねばとやっきにならずともよいのだ、というようには捉えません。これはとてもやっかいな考え方です。この考え方のせいで私たちは、本当は努力などしなくても自律的かつ鋭敏に機能している感覚器官への信頼を、すっかり失ってしまいました。それと同時に、さまざまな可能性を瞬時に感じ取る能力も失ってしまったのです。かつては宿していた純粋な反応性、その素晴らしい状態を、私たちはいつのまにか手放してしまったのです。その代わりに私たちは、この素晴らしい力の自然な発現を妨げてしまうような領域へと、自らを追いやっているのです。

　このワークショップで、これまで私たちが受けてきた教育の影響がどれほど深く私たちの内側に根付いているのかが分かるようになると思います。そしてまた、自らの感覚を元の開かれた状態に戻していくために、どれほどのワーク[3]が必要かということにも気づいていくでしょう。私たちは二つの方角をあおぎながら旅をしていきます。一つは、どんな感覚からの声も聞き逃さない透徹した静けさへと向かう方角。もう一つは、物事に対して生き生きと応答する力へと向かう方角。さあ、では、いろいろと気を揉むのはこの辺で終わりにして、わたしも、あなたたちと一緒に旅に出ましょう。さていったい私たちはどこまで行けるかしら。

初めに、私たちは多くのワークを目を閉じて行うということについてお話しておきましょう。それは、有機的生命として私たちが全身で感じとる感覚というものは、視覚から得るそれとは随分と違っているからです。私たちが何を感じているかは、私たちが何を見ているかとは違うのです。ですからいっそ、最初から何も見ずに始めましょう。私たちの目にはその間、休憩してもらいましょう。もしかしたらそうすることで、私たちの残りの部分がもっと鋭敏になるかもしれません。

では最初は私たちの中で一番のおせっかい者、頭についてもっと知っていきましょう。頭はこの辺りだろうと思われるからだの部分から、みなさんはいったい何を……もし何かあるとすれば……感じ取っているのか、感じてみてください。

ではみなさん、立ち上がって……。

こうして立ちながら、目がゆっくりと閉じていくのを許してください……目を閉じた状態で今を感じるのは、とてもいい気持ちです……まぶたは目玉の上に優しく、心地よく横たわらせてください……押し付けたり、ギュッと力を入れたりしないで、楽に、そっと横たえてください……そこでまぶたが十分に休めるように……。

目を閉じているにもかかわらず、[4]無意識のうちに目の焦点を合わせようとする私たちのクセを手放すことができるでしょうか……目を頭のその場所に、本当に楽に休ませるために……見るという意図を完全に手放すことができるかどうか感じてください……。

では、今度はゆっくりと、まるでカーテンが少しずつ開いていく時のように、まぶたがゆっくりと上に上がっていくのにまかせながら、目を開けていきましょう……目を守っていた覆いをゆっくりと上げていくことができますか……目ですぐさま何かを捉えたり、何かを見抜こうとしたりせず、ただ楽に、心地よく、何にも焦点を合わせることなく、目を開いておくことができるでしょうか……。

では、座って下さい。

音楽を聞きながら目を閉じるのが、（その音楽を十分経験するために）とても有効な時がありますよね。目を閉じたら寝てしまう、などと言う人はいないと思います。その時のあなたは、完全に音楽に身をゆだねているのです。そしてそれこそが、私たちが今まさに、ここでやっていることなのです。つまり、自分の目とまぶたを完全に安らかさへとゆだねているのです。

では、こうして座りながら、もう一度、とてもゆっくりと、まぶたが閉じるにまかせながら、目を閉じていってください……上まぶたと下まぶたが、まるで仲良しの隣人になっていくように……あなたの目はそれをどんなふうに感じていますか……見ることを完全に手放していきましょう……それには少し時間がかかります……見るという活動が少しずつ静まっていくにつれ、目はもっと楽に安らいでいくでしょう……そして今度は、頭の中のいろいろな思考も、静まることができるかどうか、感じてみてください……。

私たちが頭と呼んでいる場所にどんな感覚があるのか感じてみてください……あわててそれに飛びついたりせず、できる限りの静けさと安らぎを保ちながら、そこにどんな感覚があるのかに気づいてください……頭があるはずのその場所に、何かはっきりと感じ取れるような感覚がありますか？……。

先ほど言ったように、感じられるものと目に見えるものとは全然違うものです。ですから頭の中で作ったイメージにとらわれないで。ただ感じるのです。焦ったり慌てたりせず、十分に時間をとるならば、どんな感覚がそこに、首の上のその部分に現れてきますか？……感覚を選り分けないで。それがどれほど些細で、ばかばかしいほど小さな感覚であっても。それが好ましい感覚であっても、そうでなくても……そんなことは問題ではないのです……頭があるとあなたが思っているその場所に、何を感じていますか？……　〝感じようと努力する〟のではなく、感覚があなたの中に自然に起こってくるのを許すことができますか？……発見はここにあるのです。では、まぶたが導いていくのにまかせながら、目を開けていってください。

シャーロット　何かがありましたか？……何でも結構です。どうですか？

生徒某　たぶん自分で想像していたのだと思うのですが、後頭部のカーブの形が確かに感じられました。その曲がり具合というか……圧力というか、背中の部分に入り込んでいくような何かが。こんなことがあるんでしょうか？

シャーロット　ええ。
生徒A　わたしは右の頬を感じました……内側から。チクチクしました。
シャーロット　本当に感じられたものに、できる限り近づいてみてください。
生徒A　それは肌のずっと下から来るもので、本当に、とても微妙な感覚です。それに片方の頬だけで［すまなさそう、または神経質な感じで笑う］。
シャーロット　そうですか。では他には？……どうぞ？
生徒某　自分の耳がどこにあったのか初めて分かりました［普通の笑い］。耳は……実際に重さがあるんですね……だから見なくても耳がどこにあるかが分かるのです。
シャーロット　そうですね。他の人は？……どうぞ？
生徒某　わたしは頭のてっぺんがズキズキしました……小さな部分ですが……それから耳に流れている血液の熱と、小さな耳鳴りが感じられました。
シャーロット　なるほど……ええ、どうぞ？
生徒某　わたしは頭が……頭の中がどんどん膨らんでいって、境界や輪郭が感じられなくなるのを感じました。
シャーロット　そうですか。広がっていくような感覚ね……それはとっても不思議ですね……他の人はどうかしら？……どうぞ？
生徒某　わたしは頬と頬のあいだの部分に何かしらの感じがありました。それが首の後ろから上へ上がっていって……口の内側にそれを感じました。そのうちに頭がすごく重たくなって、その重さを支えきれなくなったんです。最後には、頭の後ろを通って真っすぐに上まで突き抜けるような棒のようなものの存在と、その棒が頭を支えているのが感じられました。

シャーロット まぁ。

生徒某 まぶたをやさしく閉じることは、頭全体をやさしく撫でているような感じでした。それから前にも話しましたが、耳の中に何かとても強い感じを感じました。耳に対する感覚がとても鋭くなっていて、耳の下の小さくて柔らかい部分を感じました。

シャーロット そう。他に誰か？……どうぞ？

生徒某 わたしが気がついたのは、あごの骨の感覚だけでした。どこにも境界線はなくて、ただあごの骨だけ。それから頭の重さも感じました。それから、最初のうちは目はまるでただの二つの穴のように感じられていました。そして口には、なんだか変な、ぐにゃぐにゃした感じがありました――熱いものが詰まったような感じが口の周りにありました。

シャーロット 素晴らしいですね。あなたたちはもうすでにとても鋭敏です。

それでは、もう一度この小さな実験をやってみましょう。でも、その前に一つ言っておきたいことがあります。今からやるワークに、いきなり飛びつこうとしないこと。まずは、今まで感じてきたことがなんであれ、それを忘れるための時間をとってください。それまでのことはすっかり忘れて、全く新しいあなたとして次の実験をやってください。いいですか？「自分の耳はどこかな？」などと、いきなり質問し始めないで［笑い声］。まずは、忘れること。そして自分の中で静けさが感じられたら、この探検へと踏み出してください。感覚が訪れてくるのをただ静かに待つのです――特に頭の部分、私たちが一番大事な部分だと思いがちなその部分には何が現れてくるでしょうか。

では、もう一度目を閉じてみてください。今、頭には何が感じられますか……今、自分が何を感じているのか、はっきりと分かりますか……。

では、また目を開けてみましょう。そして両手で頭を挟んでください。手が何を感じているかに気づくためには、頭の部分によっては、結構しっかりと触れなければならないかもしれません……手の間に何が感じられるか、感じてみてください……それと同時に、手が触れていることで、どんな感覚が内側に生まれてくるのかも感じてみてください……それはどんなふうにあなたに影響を与えていますか。それに気づいていますか？　今そこにあるその感覚に十分に寄り沿ってください。手の間に感じられる何か、それが本当に感じられてくるために必要なだけの時間を十分に自分に与えて下さい……そして、このタッチ（触れていること）があなたに影響を与えるのをあるがままに受け入れてください……。

それを終えたら、今度は手を他の場所に移し、同じことをしてみましょう……時間を十分にとって、どこがどんな変化を必要としているか、その可能性に気づいてください。……両手の間にあるもの、それはどんなふうに感じられていますか？……自分の手は、内側にも影響を及ぼしているでしょうか？……手で触れることで頭の中に起こる変化、それが感じられてくるまで、我慢強く待つのです……そしてそれが、どんなふうにあなたに影響しているのかを感じてください……。

では、別の場所に触れてみましょう。ゆっくり、優しく、頭の別の部分へと触れていきます……目に触れたい人もいるかもしれませんね……腕が疲れてしまう前に手を下ろしてください。そして、準備ができたら再び手を上げて……頭の内側でタッチに対する反応が生まれるためには、まずは十分にそのタッチを感じ取っていなければなりません。そのためには、しっかりとそこに触れていることが必要でしょう……十分な時間をかけてください……あなたの手全体を感じてください。手のひらはとても大切ですよ。それから指の腹、指、手と呼ばれる範囲の全ての部分。あなたの手全体を使って、しっかりと、完全に触れてください……。

手を離していく時も、その鋭敏さを保ったままでいてください……目は閉じたままで。では、とてもゆっくりと頭から手を離していきましょう……そして、少し時間をとって、自分が頭と呼んでいるその場所に、今、何が感じられているのか感じてみてください……このタッチを始めたばかりの時と同じ感覚を今も感じていますか？　それともそれは変化しましたか？……。

では、今度は床に座って自分の前に椅子を引き寄せて下さい。シートの部分を自分の正面に向け、シートの上に肘をついて自分を支えられるようにしてください。そしてもう一度、手で自分の頭に触れてみてください。しばらくそのまま楽にして、そのタッチがどんなふうにして頭の内側に少しずつ変化を起こしていくのかを感じてください……しばらくしたら手を他の場所に動かしていきましょう。頭を横に向けたり、手を動かしたり。タッチがしっかりと、完全に、あなたの頭に影響を与えられるように。静かに、けれども十分なタッチを与えてください。こうしながら、自分がどんなことに気がついていくのかに興味をもってください。手の下で、あなたはもっと目覚めていきます……あなたの内側、そこにある安らぎ、そこにあるもの……。愛情を込めた優しいタッチで触れてください。どのタッチも、それぞれに新しいタッチです。あなたはそれに頭の部分を通して応答しています……。

頭を全ての角度から触れてみてください。どのタッチもあなたの手には新しい経験です。何かを期待してのぞむのではなく、今という瞬間に何がその手の間に感じられるのかを感じて下さい……感じているものを受け入れる時間をあなたの手に与えてください……。

では、とてもゆっくりと頭から手を離していって下さい……座ったまま、目も閉じたまま。そして頭の部分に今、何が感じられているのか、もう一度感じてみてください……。

それでは立ち上がって椅子に腰掛けて下さい……感覚がすっかり変わった、という人はいますか……あなた？　最初はどうで、その後どうなりましたか？

生徒某　最初は、自分ではないものを感じているような気がしていました。自分の頭ではなく誰か別の人の頭に、誰か別の人の手が触れているような感じです。……自分という感覚をなくしてしまっていたのです。手を離した時、頭の骨組が感じられました。とても軽く感じました。まるで骨そのものが消えてしまったみたいに……とにかく、最初はほとんど何も感じませんでした。

シャーロット　そう……あなたにとっては？

生徒某　最初は自分の頭と脳がイメージされていました。でも、しばらく触れ続けているうちに、イメージではなくて感覚を感じるようになりました。そして、手を頭から話した時には、頭がとっても楽になっていました［笑い声］。これが自然な頭の感じられ方なんだと感じました。

シャーロット　そう。他に誰か？　何かとても驚いたことはありますか……？

生徒某　頭は、自分が思っていたよりもずっと柔らかかったです。赤ちゃんの頭みたいでした――きっと固くてゴツゴツしているだろうと思っていたのに。

生徒B　ある一点に、すごい違和感があったのが面白かったです。その場所からは何かがそこから飛び出てきそうな感じ、鳥肌が立つみたいに何か丸いものが飛び出してくるような感じがしました。

シャーロット　そう、とても面白いわね。しばしば、輪郭線もふくめていろいろな変化が起きます。ところで、それは嫌な感覚でしたか？

生徒B　ええ。でも、それを避けることはできませんでした。

シャーロット　そうですね。他にもなにかありますか？　頭を無くしてしまったという人は？　何も感じなかったという人は？

生徒C　わたしは骨格に感覚を感じました。頭の中は空っぽで……まさかそこが空っぽだったなんて知りませんでした［大きな笑い声］。

生徒某　これは自分の頭なんだなと、初めて感じました。これまでと全然違う感じです。

生徒某　わたしは、本当にたくさんのことを感じました。この実験の後で、自分自身に対してもっとずっと優しい気持ちを感じています。

生徒C　二回目は、自分の頭に集中してみました。そうしたら、頭はまるで風船のようで……とても軽いんです。とても軽いので、もし頭がここにつながれてなければ、そのまま浮かび上がってしまうように感じました。それから首のところに重さを感じました。頭を触った時には骨だけが感じられました。それしか感じなくて、新しい発見は何もありませんでした。あぁ、そう言えばなにかの刺激を感じたな……

シャーロット　刺激された？　何かがあなたの内側を刺激したということかしら？

生徒C　そうですね、刺激がありました。それから、手を離した時には、小さなプレッシャーをここに感じました。そんなにいい感じではなかったけれど、嫌だというほどではありませんでした。

生徒某　頭に手を当てている時は、頭はとても軽く感じられました。でも強く押さえつけていくと、頭はどんどん圧縮されていって、このまま圧縮し続けたら手の間に何にもなくなるまで絞れるんじゃないかと感じました。頭がどんどん小さくなっていくんです。手を離してみたら、もう本当に素晴らしい感じがして……空気みたいにすごく軽くて、緩んだ感じがしました。

シャーロット　そう。……どうやらもう一つ、実験をしてみるのがよさそうです。

ではみなさん、立ち上がってください。

指先で軽く……いえ、強くてもいいわ……どちらでもあなたが必要な強さ、自分が一番好きな強さで……頭の全ての側面から、頭を軽く叩いてみてください……頭をしっかりと刺激するように、十分に……。

そうしている間に、ここは軽く叩く方がいいとか、強く叩く方がいいな、ということが感じられてくるでしょう。十分に刺激を与えるためには、もしかしたら、ある場所では他の場所よりも長くとどまっていなければならないかもしれません。あちらを叩いたり、こちらへ戻ったり……こころが欲するままに、頭のどこがどういうふうに叩いて欲しがっているのかを感じ取りながら叩いてください……頭蓋骨に守られている部分、顔の部分、頭のあらゆる場所を、自分にとって気持ちよいと感じる強さ、あるいは弱さで叩いて……。

このタッピング（軽く叩くこと）が頭の中まで届くような気持ちで……脳の組織、頭の中のすべての部分……頭の表面、皮膚や骨だけを叩くのではなくて、頭の内側へもその響きが伝わるように……。

では、止まってください。目は閉じていて。そして、こうして叩き終わった今も、このタッピングがあなたに与えている影響を、時間をとって、感じてみてください……あなたの中で何が生まれようとしていますか？……その刺激があなたを通り抜けるのを邪魔せずに、それがおもむくままに、それが拡がるままにして……それは今、あなたに、どんなことを伝えていますか？……。

では、自分にとって一番必要なやり方で……新しい今の自分にとって、一番気持ちのよいやり方で、もう一度、自分を刺激してみてください……このタッピングを迎え入れることができますか？　頭でそれを押し返そうとしたり、無理やり引っぱりこんだりするのではなく、一つの完全な有機的生命の全体で、タッピングをしっかりと受け入れることができますか……重すぎるタッピングではなく、スタッカートのように軽やかに……そうするうちに、自分がただうわべだけを叩いているのではないことが感じられてきます。こっちの面だけ、あるいはあっちの面だけが感じるというのではなくて、どこを叩いてもあなたの全てが影響を受けているのが感じられるでしょう……。

どこもかしこも感じてください。あなたの全ての部分を生き返らせるのです。頬、あご、口、鼻、すべての場所を。……あなたはこの刺激に、どれくらい開かれていることができるでしょうか……その刺激はあなたに受け入れられ、自由にそこを通過し、広がっていくことができるでしょうか……。

では、また止まってください。そして、目はまだ閉じたまま、自分に与えられた刺激が、どんなふうに自分の中に吸収されていくのかを、ゆっくりと、感じてみてください……何が自分の中に起こったのか……今、あなたはそれを消化しているところなのです……一つの完全な有機的生命が、その刺激を受け取っているところなのです……それが何かを、今、感じてください。

「何をするか」ではなくて「どうやるのか」という問い

シャーロット　生きるということ、それはメソッドなどではありません。私たちは、カモメから、小さな子どもたちから、あるいは伸びいく植物たちから、生きるということがどういうことかを教わるのです。私たちは、自然から全てを直接学ぶのです。教科書や「生きるための新しいテクニック」などというタイトルのつけられた読み物などからではありません。私たちに生まれつきそなわっている性質には、はかりしれない神秘さがあります。そしてその神秘さは、私たち以外のものにも宿っています――集い、ともに居ること。互いに向き合い、つながり合うこと。そして、全ての感覚を研ぎ澄ませながら、今・ここにある生命を生きていること。こうしたことは、技術的なコツなどではないのです。メソッドや技術は、手放せば手放すほどよいのです。物事を「どのようにやらなければならないか」を、忘れれば忘れるほどよいのです。これから何が起こるのかなど、わたしにも前もっては分かりません。次の瞬間に、どんなことをあなたたちとしているのかすら、今のわたしには分からないのです。わたしはただ、何かが十分確かになってくるまで待っているのです。次に必要なものが、わたしをとおして感じられてくるまで、ただ待っているのです。

このワークの根底、このワークの一番中心にあるのは、例えどんなことであっても、私たちはつねにそれを初めて経験しているのだという事実なのです……それは、つねに私たちにとって初めて感じられるものであり、発見されるのを待っているのです。発見はどこにでもあります。あなたが何をしているのかには関係ありません。発見は、あなたが何をしているのかにではなく、どのようにそれをやっているのかに宿っています。例えば、歩くということをもっとずっと注意深く探ってみてください。それはどのように感じられていますか？　あなたの中に何が開けてきますか？　その瞬間に実際に起こっているのは何ですか？――それが本当に経験されたなら、あなたは突然「あらまあ、こんなことができてたなんて！　なんてありがたいのかしら！」と感じるかもしれません。それに感謝せずにはいられなくなるのです。これは、私たちがすっかり慣れ親しんでしまっている「教えられた事実」とは、まったく違った事実です。「正しくやりなさい。お手本通りに！」けれどもいったい何が「正しいやり方」なんでしょう？

正しいやり方でやろうとする代わりに、自分がそれをどのようにやりたいのかを感じてください。

今、この瞬間に、あなたにとってもっともしっくりくる声を探し出してください。その声を信じて、あなたのやり方でやる。それが、本当の答えです。

本当の自分になる決意

シャーロット　私たちがそれを受け入れようと受け入れまいと、自分にとって必要なものを感じ取れるのは、自分自身をおいて他にはいません。自分が誠心誠意向き合っているものの中に、発見の機会が訪れます。今までに、そんなふうに思ったことがある人はいますか？　ですから「どうせこれは自分一人だけの問題なんだ！」という思い込みに囚われてしまわないでください。なぜなら私たちは、一人ひとりが互いにつながり合っており、大きな全体の一部として生きているからです。私たちはそれぞれが全体の一部であり、そのなかで、みな同等に、かけがえのない素晴らしい価値をもっているのです。あなたが呼吸している空気や、あなたの中を流れる血の一滴一滴は、他の人のそれとまったく同じ物質からできています。それらは、あなたにとって大切であるのと同じだけ、他の人たちにとっても大切なものなのです。その事実をどうか知っておいて下さい。

このように、生物学的には、私たちはみな確かに同じです。けれどもそれと同時に、私たちはそれぞれの歴史をもつ一人ひとり違った人間です。……ですから、それぞれの違いにも敬意を払い、それらの現れ方を大切にしなければなりません。他人のやり方を真似るのではなく、今の自分は、それをどんなふうにやりたがっているのかに耳を澄まさなくてはなりません。それにはほんの少しばかりの勇気が必要です。他人の考えや期待という鋳型に合うように自分を作り上げるのではなく、本当の自分らしくありたいという決意が必要なのです。

もう一つ、みなさんに知っておいてもらいたいことがあります。それは、このワークは、何かを達成するとか、何かを改善するとかいうことには、いっさい関わりがないということです。内側で何かが本当にほどけてくれれば、あなたたちは自然に成長していきます。成長しようとする必要などないのです。成長は自然におとずれます。ですからこのワークは、言ってみれば、いろいろな実験を通して、自分の中に何が起こるのかを見つけ出すこと……物事の本質や、自分に本当に必要な物は何なのか、それを見つけていくことなのです。それにこれは「エクササイズ」ではないということも、しっかりとこころに留めておいてください。もちろんセラピーでもありません。私たちはこのワークを通して、自分が今まさに行っている物事に、どんなふうに取り組めるのかということの可能性を探っていくのです。わたしはセラピストではありません……そう……言うなれば、付き添い人のようなものです。あなたたちの発見の旅に、わたしはここでこうして付き添っているのです。わたしができることは、あなたたちが気づけるように、ちょっとした問いかけをしたり、課題を与えたりするだけです。なぜならわたしは、あなたたち一人ひとりに宿る力を信じて疑わないからです。

自分で発見する

シャーロット　わたしは、あなたたちが自分自身で発見するチャンスを横取りしてしまうようなことはしたくないのです。あるいは、転ばぬ先の杖のような知識を押し付けたりもしたくないのです。あなたたちにとっては、そんなものは、もうたくさんでしょう。あなたたちは、自分の足で歩まなければなりません。これまでここでわたしが話してきたことから、そしてまたあなたたちがここでやってきたことから、もうすでにみなさん気づいているかもしれませんが、このワークは、自分で発見するということが何よりも重要なのです。わたしがみなさんに対して「これが正しい」とか「これは間違っている」などとは決して言いません。このワークは、何かを成し遂げるためのやり方を授けているのではないからです。そうではなくて、自分自身を発見するための機会がここでは与えられているのです。これが私たちのワークの根底にあるもの！　〝何がどうあるべきか〟を教えるのではなく、私たち一人ひとりが、自らを探検していくのを徹底的に尊重するというのが、このワークなのです。

例えばバレエを踊ろうとするときは、一生懸命に習い、ひたすら練習を重ねて、バレエという踊りの絶対的な概念に沿うように、さまざまな姿勢を自分に叩き込んでいきます。このトレーニングの枠を超え出ていくダンサーはほとんどいません。ほんの一握りのダンサーだけがこの枠を超えていきますが、それ以外はみんなこの枠の中にはまり込んで、身動きがとれなくなっています。私たちのワークでは、こうした機械的なエクササイズは、一人の人間の成長を脅かすものだと考えています。なぜならこうしたエクササイズは、遅かれ早かれ、本当のその人らしさを奪い去ってしまうからです。自分自身のやり方で成長していくのではなく、「訓練」されたやり方で物事に向き合う時、その人の本来性はもともとの柔らかさを失い、堅くなってしまうのです。

若い頃、わたしはとても厳しいトレーニングを積んでいました。エルザ・ギンドラーに初めて会ったのは、わたしがリズム……ダンスのようなものなのですが、それに関する教師としての資格と学位をボーデスクールで取得した頃でした。ギンドラーのクラスに行くと、ちょうど生徒たちがジャンプしているところでした。わたし自身、ボーデスクールでもしょっちゅうジャンプをしてはいましたが、ギンドラーの生徒たちへの問いかけは、それまでわたしが全く耳にしたこともないようなものでした。「あなたが、まさにそこからジャンプしている床、あなたの足の下にあるその床を感じますか？　ジャンプした時に通り抜ける、その空気を感じていますか？　あなたがその中を動いている、自分のまわりの空間を感じていますか？」空気？　空間？　床？　いったい何の話なの？　セッションが終わり、何が起こっているのかがようやく分かり始めた時、わたしはすっかり打ちのめされたような気持ちになっていました。自分がこれまでやってきたことは、自分には必要なかったのだと感じたからです。それと同時に自分はこのワークをもっと深めていかなければならないのだと強く感じました……それほどまでにこのワークはわたしにとって大きな衝撃だったのです。

教えられた世界と感じられた世界

シャーロット　私たちは、ある姿勢、ある動き方を教えられます。この動作、あの動作、この向き、あの向き……それらを習っていくうちに、ついには、この教えに従う限りは安心でいられると感じるようになっていきます。かつてのわたしの生徒にとても有名な女優がいました。彼女は映画でも舞台でも活躍していましたが、ある日、エーリッヒ・フロムからの紹介で、わたしのもとを訪れることになったのです。彼は彼女についてこう話していました。「実のところ、わたしは彼女をどうしたらよいのか分からないのだ。彼女には全く自分というものがないようなのだ。彼女は、自分の考えと呼べるものすら持ち合わせていないようなのだ」。そのようなわけで、彼女とのワークが始まりました。彼女は言いました。「じゃ、どっちの足から始めればいいですか？」「どっちへ向かって上げるのがいいですか？」「どれくらい上げるのがいいですか？」ずっとこんな調子なのです。あたかもわたしが彼女の監督であるかのように、たとえどんな小さなことでも、彼女はわたしに質問しました。演技という仕事においては、どんな小さなことでも監督がどうすべきかを彼女に指図しますが、そのせいで、彼女はそれにすっかり慣れてしまっていたのです。ですから、ある映画で彼女が階段の手すりを滑り降り、走り去っていくシーンを見て、わたしは嬉しさのあまり飛び上がりました。子どもがよくやるでしょう……手すりをシャーッと滑り降りて、ジャンプ！　でも、そのシーンすら、監督がシーンを小さく細切れにして、彼女にお手本を見せた結果だったのです！　わたしは懸命に彼女とワークを重ねました。でも最後にはあきらめざるをえませんでした。どんな小さなこともわたしにたずね、そうすることで、自分を完全にわたしにゆだねてしまう彼女に、わたし自身が耐えられなくなってしまったのです。分かりますか？　彼女は、言ってみれば、わたしの調教馬のようだったのです。

もしダンサーや女優が――いえ、誰であっても、私たちがここでやっていることを見たならば、きっと「ああ、これは身体教育というものだな。健康体操とかいうやつにちがいない」と思うでしょう。彼らには、ここでやっていることの本当の姿を見抜けないかもしれません。私たちがここでやっているのは、自分の内側から動いているのか、それとも機械的に学んだやり方、つまりクセで動いているのかを、感じ分けられるようになるために自分自身の感度を上げているのです。

このワークの核心が分かり始めると、ワークへの理解はそれまでとは全く違ってきます。もしあなたが、バレエや太極拳やヨガやその他をやっているならば、それは自分が一連の型にしたがって動いているのだということを、しっかりと自覚しておいてください。こうした型のなかでも本当の自分らしさへと近づいていくことはできるでしょうが、そもそも今、あなたたちがここにこうしてわたしの元へ来たのは、あなたたちがそれらの型とは違う何かを見つけようとしているからですよね。私たちはここで、言うなれば、本当の自分らしさを掘り起こそうとしているのです。小さな子どもたちが無邪気に動く、その素直な在り方に立ち返ってみようとしているのです。彼らのように、のびのびと、輝きながら、全身全霊をかたむけて、今の自分を内側から完全に生きることへと立ち戻るためにここに集ってきたのです。いえ、それどころか、本当は私たちは、輝こうと努力することすら必要ではないのです。私たちが本来の自由な機能にしたがってありのままに動く時、たとえそれがどんな動きであっても、どんなやり方であっても、そこには命の輝きが溢れているに違いないのですから。けれどもその美しい輝きというのは、頭でつくったイメージの中にあるのではないのです。分かりますか。動いてはいるけれど、その動きが内側から起こったものでないならば、それはまるで鏡の前で自分の動きをイメージしているのと同じです。自分の動きを見てはいますが、その動きを感じてはいません。

昨日から、アラン・ワッツの自伝[6]を読み始めたのですが、そこにいくつか、とても興味深いことが書かれています。ここで皆さんに少し読んでみましょう。「自分がこれまで出会った計り知れないほど多くの哲学、文献学、そして心理学においてすら、その議論は言語と概念のみで構築されており、実際の経験そのものとの関係性は断たれている……言い表された世界（わたしが言うところの「教えられた世界」です）と、感じられた世界との間には、計り知れない程大きな違いがある。しかしその違いは、ほとんど認識されてはいない」。そして、彼は現実（リアリティ）について、このように述べています。「リアリティとは言語の彼方、静寂の境地において直観されうる直接経験である」と。つまり、内側の静けさを通して感じられる世界こそがリアリティだと言うのです。最後に彼は「わたしは頭で考える人びと、すなわち私も含めた全ての人間が、あたかも音楽を聴くかのように、生命の真の振動に目覚めることを願う。……（中略）……アイデア、信念、そしてシンボルは、生命の自然な表現形態である。しかしそれらは決して、生命を網羅し解き明かすものではないのだ」と結んでいます。

随分と前にアラン・ワッツがわたしとワークをした時に、彼がこんなふうに叫んだのを覚えています。「これこそ、生きた禅じゃないか！」禅もやはり、人間の本来性を見いだそうとするものです。だからといって、これはただ子どもに返ったり、子どもになろうとするものではありません。なぜなら私たちは大人としての経験と、大人としての意識をそなえているのですから。自分がこれまで教えられてきたこと、これまでに自分に起こったことは今も全て私たちとともにあり、完全に払拭されるようなことはないでしょう。過去は、言ってみれば私たちの財産であり、今起こっている出来事を理解するのを助けてもくれます。だからこそ、自分が同じことを何度も繰り返していることに気づいた時、つまり過去にもそうだったし、今も同じようにしているということが分かった時には、それを手放すこともできるのです。けれどもそれができるのは、自分の繰り返しに気づき、それを繰り返しとして経験するからこそなのです。これはなかなかやっかいなのです。まるで堅い殻をもつ木の実のように、この事実は私たちの内側に包み込まれ、堅い殻で覆われています。そしてゲーテの言葉で言えば「神は私たちのためにその実を作りたもうた。けれども殻を割ってはくださらなかった」という状況に直面するのです。

殻は、私たちが自分で割らなければならないのです。その殻を割る方法とは、自分のものではないものに気づくこと、教え込まれた行動様式とは何かに気づいていくことです。例えば「母親の言うことを聞くのがよい子なのだ」というような刷り込みに気がつくことです。母親があれこれとあなたに言うことは、母親自身が自分の母親から教えられたことであり、それがあなたにも引き継がれ、またその次へと引き継がれていくでしょう。でも、今この瞬間を生きているわたしが、本当に自分らしく生きるためには、何が自分らしくないのかを知らなければなりません。それが殻を割ることなのです。私たちはここで、自分の内側へと深く掘り進んでいるのです。自分にとって本当ではないものが、すっかり取り払われてしまうほど深くまで。その奥底にあり、これまでずっとかすかに息づいていた本当の自分へと、近づいていくのです。

それがタオ、……つまり「道」なのです。そしてタオへと向かう一歩一歩、本当の純粋さへと向かう歩みの全てが、素晴らしいのです……教え込まれたものと、本当の自分から生み出されてくるもの――その違いに気づくことは、何よりも素晴らしいのです。自分がすっかり慣れきってしまったものが、自分にとってよいもののように思えるのはよくあることです。けれども少しずつ、それが私たちの習慣的な態度や、学習の結果からきているものだと気がつきます。これらは樹液のように私たちにまとわりつき、そのせいで私たちはそこに座り込んだまま身動きがとれなくなっています。けれども私たちが、それとは別の何か——習慣的な態度ではなくて、自分にとって本物の何かが別にあるのだと気がつけば、次の一歩はこれまでと違う方向に踏み出すことができます。その一歩は、気持ちがよいのです。とても、とてもよいのです。

だから、あなたの中で起こっているどんな小さなものも、とても神聖なのだと気づいてください。あなたは、どんなに小さくてもそれに気づかなければなりません。そうすれば、それがあなたをまた別の場所へと導いていくでしょう……あるいは、導かないかも。もちろんそれがどうなるのか、あらかじめ知ることはできません。何かが起こる前に、それがどういうものかだなんて分からないのですから。そのことがはっきりと理解された時、自分の内側に対する謙虚さと、生命の働きの素晴らしさに対する敬意が生まれてくるのですから。

「忘れなさい！」

シャーロット　この間エサレンでワークをした時に、全部大文字で[7]、黒板に大きく「忘れること！」と書きました。自分たちが取り組んでいるワークも含めて、何もかも全てを忘れるという意味を込めて。このことはわたしに老師のストーリーを思い出させます。鈴木老師がロサンゼルスの禅センターで座禅をしてらっしゃった時のことです。老師の熱心な生徒の一人が、老師の杖がそこに置き忘れてあるのを見つけました。彼女は「大変！　鈴木老師の忘れ物だわ！」と、慌ててそれを老師に届けに行きました。その時、彼女はふとその杖に漢字が刻まれているのに気がついたのです。それがとても気になった彼女は、老師に何と書いてあるのか尋ねました。「あなたが何を言おうとも、それは『絶対不変の真実』ではないのです、と書いてあるのですよ」と老師は答えました。それを聞いた彼女はひどく不安になりました。老師はきっと何かとても深いことを彼女に伝えようとしているのだと思ったからです。ところが後日、わたしはその漢字で書かれたものが「忘れなさい」というようにも読めるのだということを知ったのです。

私たちは時々「今こそようやく真実を見つけたぞ！」と感じることがあります。それは、その瞬間にはまさにたった一つの真実です。そう、その瞬間には。けれどもそれは〝絶対不変の真実〟ではないのです。同じように〝絶対不変の良さ〟とか〝絶対不変の悪さ〟というものもありません。〝絶対不変の正しい呼吸〟や〝絶対不変の正しい座り方〟もないのです。あるのは呼吸をしていることと、座っていること。そして、それらが、その瞬間には真実であるというだけです。台座に乗せて「これが絶対不変の真実です」と言えるようなものは何もありません。〝信じる〟ということですら、わたしは信じてはいません。そうではなくて、自分が置かれているその瞬間の状況を自ら探り、それをはっきりと感じ取り、その中から真実として、あるいは真実でないものとして自分に感じられてくるもの……それだけをわたしは信じているのです。

私たちは誰でもみな、信じることが大好きです。誰かに導いてもらうことが大好きなのです。他人が言ったことを繰り返して言うのはたやすいことです。けれども、本当に自分で探り、何かを見つけることは、それとは全く違っています。ギンドラーはよく「自分で見つけなさい。学ぶには、それしかないのよ。私たちに必要なのは、自分に対して完全に正直であることと、狂いのない完璧な正確さなのよ」と言っていました。数多くの物理学者との交流があったギンドラーは、彼らから、物理学実験のおよそ八〇％は思った通りの結果にならないという話を聞いたと言います。実験の中で、何かのタイミングが間違っていたとか、反応が起こるのに十分な水温にまで至っていなかったとか、試験管に加える水滴が二滴分多すぎたとか、あれやこれやの理由で、実験の八〇％はうまくいかないのです。

素晴らしい科学者たちですら、不正確さや注意力の欠如のために、実験の八〇％は成功しないのです。ですから、彼女はこう言います。「実験を開始するなら、それに対して十分な心づもりをしなければなりません。自分が何をやっているのか、ちゃんと知っていなければならないのです。実験の間中、何が起こっているのかをしっかりと感じなければならないのです。その実験に対して必要なだけの時間をかけ、たった一人で、最後までやり遂げなければなりません。そうして最後には、そこで実った収穫を素直に受け取ってください」。ですから、大切なのは、自分で見つけるために時間をとることです。誰か他の人から「こんなものですよ」と教えられるのではなく、あなたが自分で見つけるのです。

「自分」とは何か？

生徒C　さっきの実験で、思いもよらない奇妙な経験をしました。シャーロットとワークをする時、わたしはたいてい、いくつかのステージを通り抜けます。それには、シャーロットが言うことの全てに抵抗するというステージが含まれます。前にそのステージに来た時は、それを十分に経験してみようとはしませんでした。けれども今は、そこには何か自分にとっての真実の要素があるのだなということが分かっています。ですから今回そのステージに来た時、自分がシャーロットの言っていることに賛同していないということをありのままに受け止めてみたんです。でも、それでもまだシャーロットとのワークは続けられました……まだそこに居続けることができたんです。賛同するとか、しないとか、そんな頭の中の観念も手放すことができました。すると、パートナーのタッチを全身全霊で感じている自分だけがそこに居るということに気づいたのです。

シャーロット それは面白いですね。

生徒C あなたに賛同しないということも楽しめました。

シャーロット そうね。そもそも、どうして賛同しなかったのかしら？　何があなたにとって同意しがたいものだったのかしら？

生徒C うーん……多分自分が頑固だからじゃないかな。

シャーロット 自分が頑固だと言いましたね。その頑固さとは何ですか？　それは自分に対するあなた自身の見方ですか？　それとも何か別のものですか？

生徒C いえ、それは……それはそういうレベルのものではなくて……このワークショップでは、私たちはみんな、深い部分において、本当の自分でいるように励まされますよね。昨日も誰かが「シャーロットと一緒にワークをすると、本当の自分になれる勇気が出る」と言っていました。わたしの場合、みんながとても静かにしている時に、こころの底からウズウズしたものが込み上げてきて、叫んだり走り回ったりしたくなるんです……あるいはみんなが真剣に、お互いに敬意をもって話している時に、冗談を言いたくなったり。だから、自分に妥協もせず、かといってクラスの邪魔もしないためにはどうすればいいかを学んでいるような感じなんです。これがわたしが「賛同しない」と言った本当の意味です。どうしたら……自分でいられるのか……自分が何か同時に一つ以上のものを欲しがっている時に。

シャーロット　では、質問は、その「自分」と何なのか、ということですね。「自分」とは、あなたがいつもの習慣的な態度としてこの世界に作り上げた「自分」なのか、それとも、まだあなた自身も触れていないほど深い部分にある「自分」なのか？

生徒C　そのどちらもだと思います。

シャーロット　そう、どちらもだと感じるのですね。では、自分らしくいるために、もう少しいろんなものを削ぎ落としてシンプルになっていけそうだ、という感じはありますか？　二つのことを同時に欲しがることがないぐらいに。

生徒C　できると思います。

シャーロット　そう、それは素晴らしいわ！……こちらへ来てあなたの手を握らせて！［クラスの中で笑い声がわき起る］良かった！　みなさん、彼の言っていることが分かりますか？　私たちはみんな、たくさんのものを抱えているのです。私たちも彼と同じなのです［笑い声］。他に何か？

しなくてもいい！

生徒D　これは批判というわけではないのですが、時々わたしにとっては、「すべき」という言葉を、別の意味での「すべき」に置き換えているだけのように感じられるんです。つまり、私たちは「自由であるべき」とか「開かれているべき」とか。私にとっては、社会が要求する「すべき」ことと、大人としての自分の「すべき」こと――つまり成長することを目的とした「すべき」こととの間には、それほど違いはないように思えます。

シャーロット そうですね。エサレンでのワークショップで黒板に書いた二つめの言葉、それは「しなくてもいい！」でした。さて私たちはここで今、自分の内側――それを私たちは本来性と呼んでいるのですが――へ深く降りていく可能性を提供しています。このワークショップでは、自分という人間の仕組みとその内側との間の関わり合い方を徹底的に探っていきます。ここで「自分の仕組み」と言っているのは、単に身体的な構造だけを意味しているのではないのです。そうではなく、「一人の完全な人間」という意味なのです。あなたが何かを本当に、十分に、経験したならば、人間としての自分の存在が、これまでとは違って感じられます。今よりももっと安心していられるのです。もっと落ち着いていられるのです。けれどもそうしたことは、すぐには現れてきません。

今は、私たちはともにワークをしています。そしてそれぞれの実験に、一人ひとりが誠実に向き合い、大切にしています。ある実験に自分を完全に明け渡していくならば、その実験こそがまさにあなたに与えられた機会となります。分かりますか？　例えばあなたが、その実験にどれほどの抵抗を抱こうとも、その瞬間こそが、あなたがその実験と正面から向き合う機会なのです。ですから一つ一つの実験を大切にしてください。その実験は、あなた自身について、何かを伝えているのです。そうするうちに、もしかしたら、少しずつ、あなたの抵抗は溶けていくかもしれません。

生徒D　確かに、抵抗を持ち続けていくうちに、自分自身についての真実の要素がそこにあるのを感じることができました。その瞬間から、実験はもはやうわべだけのものではなくなりました。自分自身の深い部分が目覚めた時、抵抗は消えました。自分で自分を抵抗するように追い込んでいたんです。自分自身を二重の鎖で縛り付けていたんです。自分自身に怒り、シャーロットに対しても怒っていました。だから、そうするのを止めて「そうか、自分は抵抗をもっている。それもよし、だ」と思い直したんです。

シャーロット　エルザ・ギンドラーはこう言っていました。「私たちは、自分をないがしろにすることにですら、自らの一生を費やすことができるのです」。どうして私たちは自分自身をないがしろにしてしまうのでしょう？　どうして、今この場で起こっていることをただそのままに経験できないのでしょう？

生徒D　ええ、わたしの場合はさっきお話したようなことに、自分自身がつまずいてしまっていたんだと思います。つまり、気づきのワークは、開かれて「いなければならない」とか、今・ここに「あらねばならない」と思い込んでいたんです。だから、そうではない自分に罪悪感を感じてしまったんです。

シャーロット　ちょっと待って！　今・ここという瞬間をあなたは生きていなかった。そして「今・ここという瞬間を自分は生きていない」ということに気がついた。そういうことですね。

生徒D　まったく、その通りです。

シャーロット　それに気づくなんて、なんてありがたいことでしょう。

生徒D　何だか自分が、一つの完全な存在にもう一度戻っていくようです。

シャーロット　そこにいない自分への気づき――それに感謝すれば、次には自分が今まさにやっていることに直接近づいていくことができますね。分かりますか？　ですから「こうじゃなくちゃならないのに――自分は何てダメなんだろう」のかわりに、ただ素直に「ああ、そうだった！　でも今はそれに気づいている」と感じてみてはどうでしょう？

「そうであるべき」ではなく「どうありたいのか」

シャーロット　しばしば「感じる」ということが、ただ単純に「何を感じているのだろう？」と探り、感じられたものをそのまま認めるのではなく、「どこが悪いのか探し出す」という意味に解釈されることがあります。けれども自分に感じられているものを見つけ、それをあるがままに認めると、それが変化していくことを受け入れることができます。それにはどんな魔法も必要ありません。

私たちは旅の途中にあります。その旅の途中で、分かれ道に行き当たることがあります。こちらの道は、あることについて、それの何が悪いのかを探そうとする道です。この道を行くと私たちはさまざまな問題について思い悩み、不安になります。もう一方の道は、探検の道です。ここでは、同じ物事が、私たちがそれをただ探検してみるものとして現れてきます。十分に探検すれば、たとえそれがやっかいな物事であったとしても、だんだんと平らで安定したものとなっていきます。それが問題の解決へと私たちを導くのですが、その過程は、私たちがその物事を自らの旅の一部として受け入れる時、自然に起こるのです。

本当に興味深いのは、自らの「あるべき」姿ではなく、自分の今は実際にはどう「ある」のかということです。私たちが、自分自身に対して「こうであるべき」とあらかじめ決め込んでいると、自分の本来性が本当は何を求めているのかを決して知ることはできません。あなたたち一人ひとりには、とても精巧な素晴らしい方位磁石がそなわっています。その針は、たとえあなたがその構造について知らなくても、つねに、あなたがより機能する方角を指し示すという性質をもっています。時には、しばらくの間、あなたがより活発に機能するのではなく、むしろ逆の方向を指し示すこともあります。つねに真っすぐ進める方向ばかりを指し示すのでもありません。言い換えれば、その針が示すのは、私たちが向かう方向の可能性です。それがどこに私たちを導くのかは分かりません。

もし、あなたの中で「ノー」のサインに出会ったら、あるいは障害にぶつかったら、そこを無理やり押し通ろうとしないでください。そのかわりに、何がそこで起ころうとしているのかを見つけ出してほしいのです。自分の中で起こっている出来事にしっかりと触れ続けるのです。いいですか、〝何が起こっているか〟を見つけるのですよ。あなたが自分で〝作り出しているもの〟ではなく。

何かが〝これだ〟と感じられた後、しばらくすると、〝いや、やっぱり、ちょっと違うかな？……〟と感じたことはありますか？　これでよし、と思ったにもかかわらず、何だか違うものがまた出てくる、そしてそれが繰り返される。それが人間の本来性です。私たちがこの旅をどうやって始めたかは関係ありません。旅の途上にあることに気がついた時に、すでに旅は始まっています。そしてこの旅は、あなたが最後の息を引き取る瞬間まで続いていきます。あなたの一歩一歩が、あなたが感じることの全てが、あなたの行く手を開いていきます。私たちが問われているのは、その最初の一歩を踏み出すかどうかなのです。

エルザ・ギンドラーとの最初のセッションで、わたしは自分がこれまでしてきたことは全て間違っていたのだと感じました。そして、これから全く新しいことを一から始めなければならないと覚悟しました。エルザ・ギンドラーは出会いの瞬間から、彼女のすべてを偽りのない言葉で語っていました。けれどもわたしにとっては、「自分がやっていること」と、「自分がやっていると頭で思っていること」とが違うと気がつくのに一年以上かかりました。それほどまでに、身に付いた習慣というものが強くわたしを縛っていました。目覚めるにつれて、自分を押しとどめているもの、〝自分でないもの〟が感じられてくるようになります。自分の本来性が本当に求めているものを手に入れるには、あなた自身の感覚を頼りにする以外に手だてはありません。例えば、ポテトサラダが酸っぱすぎるとしたら、それをどうやってわたしは知るのでしょうか？　それが分かるのは、おいしいポテトサラダを味わうとはどんなものか、わたし自身が知っているからなのです。

エルザ・ギンドラーのもとで学び始めた時、これがどういうことなのか、はっきりと分かった出来事がありました。磁石と鉄のかけらを使った実験をしていた時のことです。鉄のかけらをゆっくりと磁石に近づけていき、磁力の影響が及ぶ範囲にまで近づくと、カチン！　と二つがくっつきます。鉄を構成する全ての分子が、磁石の磁力に引き寄せられるのです。鉄のかけらの中にすら、このような方向性がある……引き寄せる力に全てをゆだねるような性質があるのです。ですから自分の中にあるこのような自然な性質を、自分が出会うもの、自分がしていることに対して解放してみてください。

自分を作り上げているシステム全体――一人の完全な人間としての自分を通して、物事と向き合ってください。そうすればあなたは、この世界があなたに与えてくれている豊かな実りを受け取ることができるでしょう。私たちは、きっと何度も、何千回も、やってみなければならないでしょう。それでもまだ、カチリとくっつき合わないかもしれません。でもカチリとくっついた瞬間、なにかが自分の中で変化します。

何かがカチリと音を立ててくっついた時、私たちの内側には、それを感じ取る驚くべき潜在能力が宿っています。私たちはまた、自分の好みに本当に合っているかどうかを感じ取る能力もそなえています。例えば「ちょっと塩が足りないな……」と感じたあなたは、塩の瓶に手を伸ばし、少しばかり塩を足し、「うん、今、美味しくなった」とか「入れ過ぎちゃったな」と感じ取ります。

つまり私たちの中には、自らの本来的な在り方について、正確な情報を受け取る力があるということです。この力は全ての人間に生まれつきそなわっています。けれども私たちは、それに耳を傾けないように徹底的に教育されています。ある事柄がどうあるべきか、どうでなければならないかということに従うよう教えられていて、本当はどうありたいのかということには耳を貸さないようにと教えこまれているのです。〝どうでありたいか〟を分かるためには、まず、自分が今どこにどのように存在しているのかということが分かっていなければなりません。一方、「どうあるべきか」「こうでなければならない」ということは、これまでの教育や条件づけによって形成されています。私たちは幼い時分から「子どもより親の方が賢い」とか「先生の方が物知りだ」と思い込まされています。そのせいで、私たちは、一人ひとりの内側にある知恵、誰もがそれぞれにもっている知恵を信じる力をすっかり取り上げられてしまい、他者のアドバイスに従うことを自ら選んでしまうのです。私たちの中には素晴らしい豊かさが、使われることのないまま眠っています。私たちは、それを少しずつ掘り出し、育ててゆかなければなりません。その豊かさに辿り着いた時、あなたはきっとそこに開かれてくるものに驚くことでしょう。それまでそこにあるなんて知らなかったその広がりに、震える程の喜びを感じるでしょう。

答えは私たちの中にある

シャーロット　わたしの生徒の一人からこんな話を聞きました。ある日、彼女は鈴木老師の元へ行き、こう言いました。「自分の内側に蛇の巣があるのが感じられます」。老師は彼女に応えてこう言いました。

「そうですか。では、その蛇をよくご覧なさい」

老師は「蛇を追い出しなさい」とも「恥を知りなさい」ともおっしゃいませんでした。蛇をどうにかしろとは一言もおっしゃらず、ただ「観ろ」と言われたのです。それは「その価値を見定めよ」ということでもありません。私たちが物事に完全に没頭し、それを十分完全に感じている時には、その経験を評価する必要などありません。そもそものような状態にある時には、自分がまさに行っていることを、客観的に眺めたり評価したりすることはできないからです。それは評価の枠を超え出ています。つまり、わざわざ評価する必要などないのです。なぜなら、それはあなたの一部なのですから。

そして、あなたはそれの一部なのですから。その経験を十分に生きているからこそ、それがあなたをどこへ導こうとしているのかを感じることができるのです。分かりますか？　自分自身の内側にある本来性を十分に信頼してください。私たちの中に、私たちの深い部分に、答えを知っている何かがあるのです。

生徒E　「自分がしたいことを大切にしなさい」とか「自分がすべきだと思うことをやりなさい」という声が聞こえます。でも自分がイッパイイッパイになっている時とか……ワークがイッパイイッパイになってくると……それを聞くのはどうにも居心地がよくないんです。それで、クラスに出たくないな、と思うようになることもあります。そんな時、クラスに行きたくないという気持ちを大事にする方がいいのか、それとも、今日どんなことがクラスで起こるか分からないし、もしかしたらそれは自分にとってためになることかもしれないのだから、とにかくクラスには行かなければ、という感じを優先させた方がいいのか分からなくなります……。つまり、何を大事にしたらいいのかが問題で……ある時には逃げ出したいと思うその気持ちが大事なのか、それともたとえその気持ちに逆らっても、成長するために頑張ろうとワークを続けるべきなのか……。

シャーロット　その〝イッパイイッパイ〟は、どんな感じですか？

生徒E　感じ……プレッシャーですね。ええっと、感じ……内側にあるプレッシャーかな。首か頭の部分に感じます。それとも、何か脆い感じかな、とても壊れやすくて薄い感じ。それから……怖さ。次にその時が来たら、自分がそれを乗り越えられるかどうか分からない、というような恐怖感。

シャーロット　プレッシャーと言いましたが、それは精神的なプレッシャーという意味ですか？

生徒E　はい。

シャーロット　これについて少し話をさせてください。あなたのそのプレッシャーは、私たちがやっているワークと何か関連するものですか？　それとも、あなたの個人的なプレッシャー、つまりあなたの生活の中で感じているプレッシャーですか？

生徒E　自分の個人的なプレッシャーです。けれどもワークをすることで、とても個人的ないくつかの感情があらわになってくるのです。それは時として、扱うのがとても難しくて……。

シャーロット　今、私たちは全員が、ある意味で快適な環境のもとにこのワークをしています。ここはニューヨークのまっただ中ではなく、モンヒーガン島というとても美しい場所です。空気は新鮮で、美しい光景が目の前に広がっています。そして、今はまさに休暇の時期。その休暇を感じることに費やそうと決意して、あなたたちはここまでやって来ました。感じることとはそもそも、感覚神経系の活動に気づくということです。自分の呼吸がどのようであるかに気づくこともあるでしょうし、あるいは、自分をとりまく世界に気づくかもしれません。私たちの本来性にしたがって自らの機能が内側に変化を起こし、その変化に、私たちは気づくのです。自分以外の人とも接触していきます。感じることをとおして、自分に触れてくる全てのものについて、私たちはより多くを学ぶのです。

本質的には、こうしたことは全てとても楽しい活動です……そこに〝～せねばならない〟という言葉を混ぜ込ませてしまわない限りは。けれども、もっと感じたい、もっと知りたい、もっと深くへ行きたい、あるいは友人や、自分の役割、自分をとりまく環境、自分自身の内なる反応や、その他どんなものでも自分に触れてくるものは全てつかみ取りたい、という思いが強くなりすぎた時、その満たされない欲望が私たちを駆り立てます。「それら全てを今すぐに手にいれなければ！　そうでなければ、自分はダメなんだ」と思い始めるのです。あなたの場合はどうでしょう？

生徒E　どうかな……分かりません。もう少し様子を見てみます。

生徒F　わたしの中に、ある問いがずっと浮かび続けています。それは自分を……というか、本来の自分を……表現したり経験したりすることを許さない何かが自分の中にあって、それはいったい何なのだろうということです。それは何なんでしょう？　経験の二重性、相反する二つの経験を同時に生きているようです。少なくともどちらか一方が優位ではあるのですが。わたしの中の本来性って何なんでしょう？　それに、いったい何が……どうして……どうしてわたしはこんなふうに創られてしまったのだろう？

シャーロット　あなたはそんなふうに創られたのではありませんよ。

生徒F　ではこんなふうに条件付けされた、ということですか？

シャーロット　それはわたしには答えられません。あなたが、自分でその答えを探さなければ。でもそれは……あなたの自我（ego）じゃないかしら？　おそらくあなたは自分自身に対して大きな期待を抱いているのでしょう？

生徒F　ええ、まぁ。

シャーロット　そして情熱もたくさんもっている。ここで起こっている出来事をただありのままに受け止めるという単純さは、何かを期待している人にとっては十分満足するものではないようです。彼らにとっては物足りないようです。それは彼らが、自分のしていることをただありのままに経験するということがどれほど素晴らしいことかまだ分かっていないからなのです。

どんな気づきもとても素晴らしいのです。「いつもそれに気づかなければならない」とか「いつもそれを感じなければならない」などと思わない限りは、自分に近づいていくどんな一歩も、とても素敵なものです。わたしがまだ生徒だった頃に、わたしの中にあったこれと同じような野心もだんだんと剥がれ落ちていきました。

そう言えば、こんなことがあったのを思い出します……ハインリヒ・ヤコビーが地球の磁力について話していた時でした。彼はこう言ったんです。「あなたたちは、地球の一部です。地球を形作るものの一部なのです。地球の一要素として、あなたたちは今ここにいるのです」と。わたしは思わずカッとなって言いました。「わたしは、一人の人間です！」彼はわたしを見て、こう続けました。「あなたのお父様にとっては、あなたは娘です。郵便局の職員にとっては、あなたはお客です。そして、地球の磁力にとっては、あなたは地球の一部分なのですよ」。彼がそう言ったとき、わたしはまるで、世界がわたしに向かって開かれたかのように感じられました。わたしという個人を、必死で主張する必要はないんだ！　と気がついたからです。

もしかしたら、わたしも野心やプレッシャーでイッパイイッパイになるかもしれません。そうなれば、当然、感じるということは妨げられるでしょう。それは、成長の内的側面、つまり内側からの声をより微細に、より深く聴き取ることを妨げてしまうということです。成長が妨げられるのは、野心やプレッシャーが、わたしの背後あるいは内側で「できるだけ早く、あるいはできるだけ完全に、何かを手に入れなければならない」とわたしを急き立てるからです。皆さんも、それを感じたことがありますか？

もし今それが起こっているのだとしたら、私たちにできることは一つしかありません。それに気がつくこと。そうすれば、それが自分を邪魔したり、行く手をさえぎっているのが感じられるでしょう。その時はじめて、私たちはゆっくりとそれを手放していくことができるのです。私たちはこれまで、いつも誰かに後ろからプレッシャーをかけられるようなやり方で教育されてきました。ですから誰も後ろからプレッシャーをかけない時には、自ら自分の後ろに回り込んで、自分にプレッシャーをかけるのです。そう言えばわたしも、母にされて嫌で嫌でたまらなかったことを、後々になって自分で自分に対してしていているのに気がついたことがあります。そういったことに気がつき始めるには、相当な時間がかかるものです。けれどもいったんそれに気がつけば、そのことに対する理解が少しずつ深まるとともに、それは溶け去っていくことでしょう。

ですから、先ほどあなたが言ったイッパイイッパイな感じ、それに自分が耐えられなくなっているというのは、どこかで、あなたが自分自身にプレッシャーを与えているということかもしれません。でも、あなたはそれを手放せるかもしれない。プレッシャーが小さくなればなるほど、あなたは感情(emotion)とうまく付き合いながらワークに取り組むようになるでしょう。感情は、時に応じて起こってはきますが、感じることそのものは、必ずしも感情を伴わねばならない活動ではありません。感情は、私たちが、それぞれの感覚へと持ち込んでいるものです。このことは、私たちが何か過去の出来事と強い関わりのあるものと向き合う時には、しばしば起こります。またそれ以外にも、例えば私たちが、人間関係の中で自分に何ができるかを感じている時などにも、感情が立ち現れてきます。

感情は私たちに触れてきますが、触れるだけではプレッシャーは作り出されません。感情は私たちを動かしますが……それだけではプレッシャーとはなりません。感情は、もしかしたらあなたに何かを教えてさえくれるかもしれません。そうでしょう？　でも感情は、このワークで扱う範疇にはありません。

感情的な反応と感じることは別もの

シャーロット　私たちは、本当によく感情に引き込まれるのだと思います。例えばわたしが「何を感じますか?」とたずねる時、それは「何を感覚的に感じ取っていますか?」という意味です。それは「何に気づいているのか」ということであって、「感情的に何を感じているか?」とは違います。この違いが分かるでしょうか？　このワークでは、「感じる」という言葉は「感覚を感じ取る」という意味で使いますが、「感じる」という言葉の使い方にはそれとは全く異なる使い方があります。例えば「悲しみを感じています」「興奮を感じています」「恐れを感じています」と言う場合。これは「感じる」が主に感情的な反応に使われた場合です。それに対して「感覚的に感じる」は、それとは全く別のものです。感覚的に感じるとは、私たちが感覚を通して得る気づきであり、それが起こるためには、まず自らの内側に静けさが必要です。私たちがこの先、混乱に陥ってしまわないために、ここではっきりとさせておきましょう。感情的反応は、感覚的に感じることとは違います。それを皆さんにしっかりと言っておきたいと思います。

感覚的に感じることに近づいていけばいくほど、一見それとは関係ないような反応が起こってくることがよくあります。それは、私たちの中にある広大な記憶の海や、連想や、期待の中からわき起こってくるのですが、私たちは、しばしばそれを感覚的な感じと取り違えてしまいます……けれども、それらは感覚的に感じ取ることとは違います。この領域に踏み入ると、私たちは感じることの必要性を無視したり、あきらめてしまいます。そして今という時間には存在しない、過去の記憶の中に閉じ込められてしまうのです。けれども、その障壁がだんだんと消えていった時、私たちはようやく今という瞬間の経験へと近づいていくのです。今という瞬間の経験は、〝起こるべきもの〟でも〝起こすべきもの〟でもなく、ただ自然に現れてきます。それは言うなれば、コミュニケーションのようなものです。私たちの内側に息づいているもの、私たちの前に差し出されているものとの生きた交流です。今・ここで起こっている出来事と出会えるのは、私たちがまさにその現実の最中を生きているからに他なりません。自分を明け渡し、その瞬間に現れてくる物事に気づき、受け入れる。別の何かがまた現れてくれば、それに従っていく。そうするうちに、ほんの少しずつ、今という瞬間に何が必要とされているのかが自然と分かってくるのです。その必要性の声に耳を傾けつつ生きる時、私たちは、自分が今やっていることや毎日の仕事を、そのつど新たに経験していくことができるのです。

世界で起こっている出来事に敏感であるということは、感情的にそれに巻き込まれるということとは違います。感情的な関わり合い——思考もそうですが——は、何かに気づいた後で生まれます。私たちが本当にはっきりと何かに気づいて始めて、私たちはそれについて考えることができるのです。私自分が今という瞬間に本当に経験しているものを感じること、それに対する曇りのない明晰な気づきが、同じように曇りのない明晰な考えを生むのです。

今・ここにいる

シャーロット　感情的に巻き込まれることと、自分の機能に気づくことの違いについてはっきりさせておきましょう。誰かが「わたしは怖いのです」と言うと、エルザ・ギンドラーなら「それはSOSのサインです。その怖れは〝今が目覚めの時だ！〟ということを意味しているのです」と言うにちがいありません。あなたが本当に今の自分を経験しているからこそ、あなたは自分の反応がどういうものかをはっきりと感じ取っているのです。恐怖心のほとんどは、私たちが、今自分が向き合っている物事に、まだ自分が完全には開かれていないために起こってきます。その時、いつもの、あるいはこれまでの自分の在り方に戻ってしまったら、今ここで起こっている物事に向き合う可能性を失ってしまいます。

この時、感覚は私たちにとっての情報提供者となります。自分の奥深くで何かを感じ、そこで起こる出来事と深く結びついてください。そうすれば、その感覚が、もっとも適切な方向をあなたに指し示してくれるでしょう。けれどもそのためには、自分の期待や願いや欲望が入り込み、その方角へ向かう道を塞いでしまわないよう、内側に十分な静けさを保っておくことが必要です。

大切なのは、このワークを感情の源へ近づくワークだと勘違いしないことです。このワークは、発見のワークです。私たちは、他者や物事と関わり合いながらそれぞれの人生を生きています。このワークは、その出来事や自らの行為の中に、自分の本来性を探し出すための探検なのです。私たちはこのワークを通して、自分自身の内側に、他者に、そして生きる目的に、どうしたら最も自然に触れていけるのかを探っているのです。その言葉のもっとも広く深い定義において、自分がどのように〝機能〟しているのかを研究しているのです。

生徒某　今までの話からすると、結局のところセンサリーアウェアネスとは、自分をとりまく全てのものに対する私たちの感覚を開いていくことなのですね。そして、その開かれたところには、当然感情も含まれてはくるけれども、このワークの第一の目的は……。

シャーロット　目覚めること。感情には気づく、でも、それを作り出したりはしない。そういうことです。それは、感情を扱う余地などないという意味ではありません。けれどもこれまでの条件づけの結果、私たちは感情で周囲をがっちりと固めて、感覚を感じ取ることを全く自分に許さないようにしています。そして、感情的なプレッシャーをどうにかすることで手一杯になっています。例えば寝ころんでいる時でも、自分の内側を静かにする代わりに、頭の中で何かを考え続け、そうこうするうちにその思考にとらわれて、自分の中にプレッシャーを積み上げていったりするのです。そのうちにプレッシャーが大きくなりすぎると、もうワークを続けられなくなります。ですからあなたたちは少しずつ、時間をかけて、そのプレッシャーをも感じていかなければなりません。

生徒某　シャーロット、あなたと二度目にワークをした時のことを思い出しました。母が亡くなってすぐの頃でした。初日のペアワークでパートナーがわたしの頭に手を置いた時、涙が溢れ出してきたんです。何度やっても、その度に同じように涙が出るのです。それには本当に困りました。それで、あなたにこれについて何か説明してくれないかと頼みました。あなたは何も答えてはくれませんでした。後々になって、母がいつも愛情を込めてわたしの頭を撫でてくれていたことを思い出しました。それを思い出した時、彼女の突然の死に対して自分がずっと押さえ込んでいた深い哀しみに触れたのです。以前グループワークで経験したどれよりも高次レベルの感情を感じました。そしてわたしはそれを感じることを自分に許そうとしました。それと同時に、こんなことも頭に浮かびました。ここにあるような優しく受容的な状況のおかげで自分の内側が静まっていき、そのせいで、これまで押さえつけられていた哀しみが立ち現れてきたんじゃないかと。

シャーロット そうですね……でも、あなたの頭に手が置かれた時、グループの中の誰一人として――もちろんわたしも含めて、これがどういう結果をもたらすかなんて分かりませんでした。私たちはただ、手を頭に置いたら内側で何が起こるのか見つけ出すために、頭に手を置いてみた。そして、あなたにとっては、それが母親の記憶を呼び覚ましたのです。だから、そうね……その経験がまた感じられたら、それを私たちとシェアしてくれますか？　そうすれば、それをないがしろにしたり、その経験を押さえ込んでしまわなくてもすむでしょうから。ただ、それを言葉にするだけで十分です。そんなことが起こったら、こんなふうにして向き合ってみる――それができますか？　この質問は、皆さんに聞いているのです。

生徒G それができるか、とたずねているのですか？　だったらその答えは、あなたが私たちにそうさせてくれるのかどうか次第です。これまでのワークで、わたしはかなり感情を表現してきたように思います。涙を流したこともありました。自分の人生で、一度にこれほどの涙を経験したことはないほどです。そして、その経験をクラスで時々報告してきました。けれども、わたしのこうした報告はこのクラスにふさわしくないと感じている人たちからの批判的な視線を感じることもあります。彼らにとってわたしの経験の報告は、彼らに無理やり押し寄せてきて、感じることを妨げるものだと感じるようなのです。あなたが言っているのは、わたしがこれまでに聞いた批判と同じことを意味しているのですか？　それともあなたは感情を表現することを勧めているのですか？

シャーロット　いいえ、勧めているのではありません。感じることと、感情を話すということとは別物だと説明しているのです。もしわたしが「どうして泣いているのですか？」とたずねたら、あなたは感じるワークではなく、感情のワークをしなければならなくなります。けれどもあなたがある感情に気づき、それを本当に心底深くに感じたなら、その感情が湧き上がってきた時、それに向かって「あなた（その感情）とは後で向き合うよ。でも今は、感じることに取り組みたいんだ」と伝えることができるだろうと信じています。もちろん、あなたが感覚を感じることに興味をもっていれば、ですが。そうすることとは、その感情を追い払ってしまうこととは違います。あなたはその存在を認め、感じました。そして十分な優しさを込めて、それに向き合う適切な時がくるまで待って欲しいと伝えているのです。それは自分自身に対して優しさをもつことです。決して感情に対して「黙れ！」と追い払ってしまうことではありません。感情があなたの中に落ち着いていくまでの時間を与えるとともに、あなた自身はさっきまでの探検に戻っていくのです。

一つの例をお話しましょう。わたしのもとに、精神科医からある男性が紹介されてやってきました。「非常に姿勢が悪い患者ですので、よろしくお願いします」と。その男性とのプライベートセッションで、彼の肩は、立っているときでも座っているときでも、必ず片方の肩がもう一方よりも高く引き上げられているのが分かりました。

そこである日のセッションで、彼に自分自身をどう感じているのかたずねました。「右の肩が強く押し上げられているように感じます」「それは、本当にはどんなふうに感じられているのですか？」「まだ完結してないというように感じています。最後までやりきってもいいでしょうか？」「ええ」「だったら、こうだな……」と言うと、彼は手をパッと前に投げ出して、腕を顔の前にもってきたのです。彼の話によると、子どもの頃、彼の父親はよく彼の顔を殴りつけていたそうです。そしてこのジェスチャーは、いつも彼が自分を守るためにとっていた姿勢でした。成長した彼は、その後、手を前に投げ出す仕草はもはやしなくなりましたが、肩を持ち上げることはそのまま彼の中にとどまりました。彼がそのことに気づいた瞬間、私たちは彼と父親との関係に深く立ち入っていくワークをすることもできました。彼は自分のしていることに気づき、それがずっと以前に起こった父親との間の出来事の名残りであることを理解したのですから。

わたしは彼にたずねました「今でも、そうすることが必要ですか？　今もまだ、自分を守らなければなりませんか？」「いいえ」と彼は答えました。そこでわたしは、父親との問題については別の時に取り組むことにし、今はそれまでのワークに戻って、自分の中で何が実際に起きようとしているのかを感じることを提案したのです。

彼はこの記憶は過去のものだと気づきました。それが今もまだ彼を捉えて放さないでいることに気がついたのです。彼と同じように、私たちも、ある種のプレッシャーを今でも感じることがあります。

それらが実際に起こったのはずっと昔だったとしても……でも、今、この瞬間には、私たちにとってそのプレッシャーは必要ないのです。私たちは、「今」という、それが実際に起こった時とは違う人生の時間を生きているのですから。私たちは、感情を作り出しているものにその場で巻き込まれてしまうのではなく、今この場のプレッシャーと向き合うことができます。感情には、この先、それと向き合う時間をとることが必ずできます。この男性の中で感情が大きな力で迫ってきた時、彼はそれをただ口にしました。彼がそれを言葉にしたおかげで、彼とわたしは再び「今」という時間に戻ってくることができました。感情を作り出しているものが何なのかはっきりと分かっていれば、あなたはそれを言葉にすることができます。そうすれば、またワークへと戻ることができるのです。一方、ただ泣きくれるばかりで言葉にしないでいることは、あまり役に立たないとわたしは感じます。

生徒G　それは面白いです。わたしは最初あなたが「泣くだけ泣いて、後は黙っていなさい」と言っているのだと思っていました［笑い始める］。なるほどね。

シャーロット　時々はそうすることも必要でしょう。また別の時には、他のやり方が必要かもしれません。けれどもわたしは、こうしたことについての一般的なルールなど作ろうとは思いません。お分かりのように、これはとても繊細なワークなのです。そしてこのワークの繊細さは、私たちが今この場で起こっていることを十分かつ完全に生きるということからきているのです。私たちは、今この場で経験されていることに、さまざまな物事を手当たり次第関連づけたりはしません。そんなことをしてしまったら、これまで探検の旅をすすめてきた私たちは、関連事項の中にすっかり迷い込んでしまい、発見へとつながる本当の機会を逃してしまうでしょうから。

生徒某　わたしは、あなたがエルザ・ギンドラーの死の知らせを受け取った週のあるクラスでのあなたの様子を覚えています。あなたはエルザの死をクラスの生徒にも伝えてくれました。あなたがこの出来事にこころを動かされているのがよく分かりました。あなたはクラスで半時間ほどエルザの話をし、その後ワークを続けました。その時あなたはこころの底からの深い哀しみを表現していました。そしてあなたは悲しみを表現した後、ワークを続けたのです。けれどもわたしが思うに、私たちの多くはあなたのように、深い哀しみを表現した後、その大きな感情からいったん離れてワークを続けたりできないと思うのです。そして、それが問題なのです……たとえ、そのワークの時間がいかに貴重な探検の機会だとしても、なかなかあなたのようにはできないのです……。

シャーロット　その経験に自分が向き合えるならば、それをしっかり経験した方がいいと思いませんか？〝向き合う〟とは、とてもいい言葉だわ、そう思いませんか？「押し潰される」でもないし「扱う」でもない。自分の経験に圧倒されるのではなく、それと向き合うためには、内側で十分にその準備ができていること、そして自分がその経験に対して完全に開かれているのをしっかりと感じ取ることが必要です。

誰かが感情に飲み込まれてしまい、泣き始めた時……めったにそんなことは起こりませんでしたが……エルザ・ギンドラーは大きな毛布をもってきて、その人をそれですっぽり覆うと、着替えのために用意された部屋に連れて行き、こう言いました。「さあ、すっかり泣ききってしまいなさい。そしてワークへ戻る準備ができたら、また部屋へ戻って来なさい」。これは「黙りなさい！」というのとはまったく違います。大きな感情に圧倒されてしまった時には、それに向き合うという選択肢もある、ということを彼女は示しているのです。そしてまたこれまで通りワークを始められると感じられたら、再び戻ってくればいいのです。

1 ナンセンス (non-sense)。無意味と訳されることがほとんどですが、ここではシャーロットは「ぴったりするという感覚 (sense) がない (non)」という意味で使っています。
2 organism は有機体または生命体。the organism という言葉でシャーロットが意味するのは、精神的・身体的・霊的など全ての次元が統合された生命およびその機能。以降「有機的生命」として訳している。
3 ここでのワークは「取り組むこと」の意味。またセンサリーアウェアネスにおける実験のことをワークと呼び変えている箇所もある。
4 首から上の部分。頭部全体。
5 音楽用語。弾むように軽やかにの意。
6 アラン・ワッツ In My Own Way: An Autobiography (New York: Phantheon, 1972) 未翻訳。
7 強調したい時に使う筆記法。

Part 2

センサリーアウェアネス——より目覚めていくこと

シャーロット　気づきとは認識するということです。けれどもそれは、何か特定のものを探してそれを認識するというのではありません。私たちのワークでする探検や発見……それは、懸命になって探さなくともすでにそこにあります。なぜなら、それは内側での気づきのことだからです。

目を閉じてもらえますか？……。

今ここで、あなたたちにもう一度目を開けてもらったなら、あなたたちにもきっとその意味が分かるでしょう。何かを見ようと懸命に努力しなくても、見える。それを防ぐことはできません。耳が開いているなら、聞こえる。それもやっぱり防ぐことはできません。それほどに単純なことなのです。私たちの意識が、いかなる妨害も受けず澄み渡った状態にあるならば、私たちは感覚に対して開かれています。そして懸命になってつかもうとするよりもはるかに正確で新鮮な感覚を、私たちは受け取ることができます。センサリーアウェアネスとはより目覚めていくこと、ただそれだけなのです。

内側を目覚めさせる

シャーロット　感覚を感じ取るとは、私たちのからだの全ての部分を網羅し包み込んでいる感覚神経のシステムを使うということです。これらの神経は休眠状態にあることもあれば、目覚めていることもあります。わたしが言う「感覚を感じ取る」とは、私たちの内側を目覚めさせるという意味です。そして「生きる」とは、私たちに与えられているこの素晴らしい自然の能力が、その力を開化していくことを許すということです。

皆さん、立ち上がってもらえますか？

自分を軽く叩いてみてください……そのスラッピング（軽く叩くこと）を本当に感じられたら、「自分は今、自分を軽く叩いているんだ」と言葉にしてください……ええ……ではすこし止まって……スラッピングによって、自分が今何を感じているのか、それがどんなものであれ、その感じを言葉にしてください。そうすれば、その経験が本当にはっきりと現れてきますから……〔軽く叩く音と、生徒たちが口々に「自分を軽く叩いている」と言う声が聞こえる〕……。

何が起こっていますか……叩いた後は？……〔生徒の声は止み、代わりにため息やあくびが聞こえる〕スラッピングの効果を今も感じている人はいますか？……それを言葉にしてください……〔再び生徒たちの声「さっきより気持ちがいい！」「おぉ！」「あぁ！」「もっと緩められそう」など〕……。

では、用意ができたと感じられたら、もう一度自分を叩いてみてください。今回は叩き始める時に「今から叩く」と言葉にしてみてください……〔生徒たちがそれぞれに心づもりができるまでの長い静けさ……しばらくしてスラッピングの音が聞こえ始める〕……では止まって……。

シャーロット　もう少し近くによって座ってもらえますか？　どうでしょう、楽しかったですか？

生徒某　部分的には。わたしは「今から叩く」とは言いませんでした。シャーロットからは「自分が本当に準備ができたと感じられたら」と言われましたが、準備ができたと感じた途端に、「これから何か言うぞ」という考えが入り込んで、準備状態から引き離されてしまいました。そしてどうしてもそれをぬぐい去ることはできませんでした……だからその考えを叩き落としてみたんです。叩くことは好きなので［笑い声］。

生徒某　わたしはまったく逆でした。わたしは、本当に叩く準備ができた時にはいったい自分に何が起こるのだろうと思いながら、その時が来るのを待っていました。でも周りの人たちの「今から叩くぞ」という声や、スラッピングの音を聞いているうちに「どうしよう、わたしだけ取り残されてしまう！」と感じ始めたんです。すると突然、自分を叩きたくてしょうがなくなって、大急ぎで「今から叩く」と言って自分を叩き始めました！　［笑い声］　なぜなら……その……つまり……わたしはいつもやるこのスラッピングのワークに飽き飽きしていたんです。今の今まで、このワークはわたしにとっては何の意味もなかったんです。自分を上へ下へと叩き、それが感じられた時に「わたしは今、自分を叩いてる！」と言葉にしました。その時、自分のからだの多くの部分が……まるで木みたいだってことに気がついてびっくりしました。そこには全然感じられるものがなくて……その……叩いていても全然楽しくなかったんです。誰か別の人のからだを叩いているみたいに。いや、違う……それならもっと楽しいだろうから……。そうではなくて、壁を叩いているような感じ。でもある部分は……突然ある部分に熱を感じたんです。その部分がわたしに向かって言葉を返してきたようでした。それに両手と……その……それと……自分の他の部分も話をし始めたんです！　それは、本当にすごかった！［大きな笑い声］

シャーロット　長い時間の後だけに、ね？［引き続き大きな笑い声が起こる］このワークで、わたしは、全身全霊ということに近づこうとしています。あなたたちは、もちろん、わたしが言ったことを素直になぞりながら実験をすることもできます。けれども、自分の中で何が起こっているのかをこころから感じ取り、それに導かれながら実験をすることもできるでしょう。とにかく自分の経験にしっかりと噛み付いて下さい。

大切なのは、あなたを導く声を自分の中に受け入れることです。その声への応答は、「今」のあなたとして自然と立ち現れてくるでしょう。自分に今いったいどれほどの応答力があるのかは、分かりません。これまで何度もスラッピングのワークをしてきた彼ですら、最初は誰か他の人を叩いているように感じていました――そして、それが突然変化した！　もしも私たちが自分自身を壁の内側に閉じ込めてしまわずに、今やっていることに対して全身全霊でのぞむなら、その時こそ私たちは自らが物事に応答する力を発見できるのかもしれません。

スラッピングを言葉にしようとした瞬間、それを口にする直前に、言葉に詰まってしまうというのはとてもおもしろいですね。言葉に詰まったと聞いて、わたしはとても嬉しく思いました。なぜならそれは、この行為が、既成品ではないということをよく示しているからです。缶詰の食べ物ではないということ。缶詰はわたしができるだけ避けようとしているものですから……。誰もみな、「それ」が起こるまで待つ完全な権利をもっています。あるいは、何も起こらないならば、言葉にしないという権利を。それは絶対の権利です。経験が私たちの言葉を導きます。経験から言葉が生み出されるのです。言葉とは、ただ私たちの知性や頭から出てくるものではありません。「準備ができたと感じられたら、それを言葉にしてください」とわたしが言う時、それはわたしの本当に深い部分から出てくる言葉なのです。誰も準備をでっち上げる必要はありません。それは自分の中に自然に起こってきます。もしそうでなかったら、黙っていていいのです。それはとても大切なことなのです。ここで問われているのは交換の関係性……経験と言葉とのやりとりについてなのです。言葉を通して経験が外へと現れていくことです。

本当は、目覚めるためにわざわざ自分を叩く必要はないのです。ただ最初のうちだけは、目覚めるために自分を何度も叩くことが有効かもしれません。目覚めは、しばしば安らぎと落ち着きをもたらします。思考や判断でいっぱいになっていると、今ここで起こっていることや、さまざまな変化に対して私たちは目覚めていることはできません。例えば、クラスの始めに自分でこのワークをしていれば、より静かになれる準備ができています。頭の中の騒々しいおしゃべりが少しずつ静まり、歩いていても、立っていても、座っていても、何をしている時でも静かに落ち着いていられます。そうして、自分の内側で起こる出来事をはっきりと感じ取れる状態になっていくのです。自分のからだから空気が出ていき、新しい空気が入ってくる……開け……静かに沈み込み……そして……何が起こるでしょうか。感じるための時間をとって、ほんの少し待ってみれば、今まで眠っていた場所が目覚めてくるのがきっと分かるでしょう。何もせず、ただそこに注意を向けてください。

全ては、いつでも、新しい

シャーロット　次の実験に移る前にもう少しだけお話ししておきたいことがあります。その一つ目は、私たちはどの瞬間にも、変化できるのだということ。一瞬前の何かは、今の瞬間にはもう違っているかもしれません。どんな種類の経験でも、それに対する自分の感覚が変わったことに気がついたなら、それを受け入れてください。最初に感じたもの、あるいは最初は感じられなかったものに、しがみつこうとしないでください。このことをしっかりと皆さんのこころに留めておいて欲しいのです。もう一つ、皆さんに受け入れて欲しいもの、それは何も感じないという経験です。

これも最初の頃にはよく起こることです。けれども、何も感じないということも一つの経験です。そしてこの経験すらも、いつでも変化しうるのです。ですから、何かがすぐに変わり始めるだろうなどという期待などもたずにワークにのぞんでもらえたらと思います。

私たちがここにこうして集っているのは、もっと深く感覚を感じ取ろうと望んでいるからです。それはつまり、もっと深めていけるということを、私たちの内側は知っているからです。それは私たちの内側の切なる思いであり、自分が今まさにやっていることに十分に関わりながら生きる姿勢へと、私たちを一歩ずつ導いていくものです。変化をいとわず、物事をあるがままに受け入れる——この姿勢があなたたちの内側で息づいているならば、そしてそれらに、ゆるぎない意志と愛をもって従っていくつもりならば、このワークに必要なものをあなたは全てそなえています。

昨日、あなたたちの多くが、頭で考える知識、すなわち知的活動の結果としての知識と、一つの完全な有機的生命として私たちにそなわっている知識とは違うのだということを感じたのではないでしょうか。それら二つの間にははっきりした違いがあります。今日は思考のプロセスも含めた有機的生命のプロセスについて少しずつワークをしていきましょう。有機的生命のプロセスとは、私たちの内側にあるさまざまな可能性と思考とを分け隔てるものではなく、その二つの統合のプロセスです。

では皆さん、立っていただけますか。

こうして立ちながら、自分が十分にサポートされていると感じられる場所、気持ちがいい場所に立ってください……そして、その居心地の良さ、その場所からのサポートがはっきりと感じられたら、次にゆっくりとまぶたを閉じ、目を開けていない世界はどんなふうに自分に感じられているのか、感じてみてください……自分の周りに何かを感じるでしょうか……空気……足の下には何がありますか……自分の内側の世界には……自分の中に、何か、感じられている感覚があるでしょうか……生命の現れ……。

指先を感じられますか？……それらは生きているでしょうか？……ゆっくりと、指先を今よりももっと目覚めさせていくことができますか？……。

かかとに何かを感じますか？……かかとはその下にあるものにどのように触れていますか？……あなたを支えているものとかかととは、互いに優しく穏やかに関わり合っていますか？……それともあなたは床を抑え付けているでしょうか？……もし抑え付けているのなら、少し重心を変えてみたらどうなるでしょう？　床との関係が、もう少し優しい関係になるかもしれません……。

胸に何か感じられるものはありますか？……お腹には？……胸の内側、お腹の内側を、ゆっくりと、もう少し目覚めさせていくことはできるでしょうか？……目の周りをもっと感じ取ることはできますか？……そして、目を休ませることはできるでしょうか？……。

自分の周りにあるものを感じられますか？……そして同時に、自分の内側にあるものにも気がついていけるでしょうか？……目を開けてみてください。目を開けていても、あなたの中で起こっている出来事の全てを、あるがままに、押しとどめずにいられますか？　それらとのつながりを保っていられますか……感覚的なつながりを？……目を開けた状態でも、生命のさまざまな現れを感じられるでしょうか……。

では床に横になってください。そのまま自分自身との対話を続けながら……。

わたしの問いかけを内側で受け止めることはできましたか？　何か興味深い経験があったでしょうか？　ある時には、わたしの問いかけたものが感じられ、また別の時には感じられなかった、というようなことがありましたか？

生徒某　わたしは、あなたが足と床のつながりを問いかけるまでは、何も感じていませんでした。でもそのつながりを感じてみると、結構重いということが感じられました。それで体重を移動させてみると気持ちがよくなり、それまでのように力一杯床を踏みつけなくてよくなりました。そうすると、他のことも感じられ始めたのです。

シャーロット　つまり、最初は感じていなかったものが感じられるようになった。その感じに従って体重を少し移動させてみると、あなたはそれまでとは違うように「立つ」ようになった。そういうことですね。

生徒某　わたしも同じことに気がつきました。でもわたしの場合は、脚に受けた古傷のせいで体重移動ができないことが分かったんです。それで、このことがこれまでどれほど自分の全身に影響を及ぼしていたのかに気がつきました。目をリラックスさせることもできませんでした。わたしの立ち方は平行でないので、目が緊張するのです。

生徒某　床の上のかかとについて問われた時、わたしのかかとはそこにはありませんでした。つまり、わたしのかかとは床に触れていなかったんです。わたしは足先だけで立っていました、ほら、走り出す直前みたいに。床にしっかりと足を置くのではなく、どこかへ向かうかのような態勢で。それで、しっかりとかかとを床につけてみると、脚がとても重く感じられました。

生徒某　床とかかとの間に優しい関係があるかどうか問われた時、わたしのかかとは床に対して全然優しくないように感じました。それで体重を少し前に移動させてみたんです。そうするとかかとは少し優しくなりました。でも足の他の部分はそうはなりませんでした。それで、もっと優しくなれるかなと思いながら、体重を前後にユラユラと動かしてみました。

シャーロット　もしかしたら、ね。でも、少なくとも、自分自身で変化を起こすための最初の一歩、可能性への一歩は踏み出しましたね。あなたの感覚は変化しうるものですし、体重配分を変化させることもできます。どの変化も、新たな感覚をもたらすでしょう。立つことについての皆さんのお話は、どれも全て、わたしにはとても興味深いわ。

生徒某　わたしは全くバランスがとれずにいました。それで自分がどこに居るのか確かめるために、とにかく目を開けたくてしょうがなかったんです。自分のその状態に気がついた時、とてもいい気分になりました。

シャーロット　立っている時に目を閉じると、危険を察知しようといつもより敏感になると感じた人が他にもいますか？　あるいは、ほんの少しの体重移動が、微妙なバランス感覚に大きく影響すると感じた人は？　本当にとても面白いですね。言い換えれば、鋭敏に感じ取るために、私たちには、微妙でしなやかな未知のスペースへと分け入る覚悟が必要だということです。ここは気持ちがいいな、ここはプレッシャーを感じる、ここは楽、ここではまたプレッシャーを感じる、ここは本当に素晴らしい気持ちだ……というように。そうやって、私たちは学んでいくのです。

生徒某　最初にあなたが空気や地面を感じるかと問いかけた時、わたしは自分の外側にあるスペースに気がついていました。それから自分のからだを感じ、空気や地面をもう一度感じてみると……真っ暗でよく分からなかったそのスペースが、どういうわけか、分かるようになったんです。自分を感じること以外には何もやってないのにもかかわらず、これまでとは全く違う感じ方で、自分の外側を感じたのです。

生徒某　立っている時、もう少しでパニックを起こしそうになりました。自分が十分に空気を吸い込んでいないように感じたからです。空気が流れているのは感じられたんですが、自分自身は窒息しそうな感じでした。それに、胸やお腹にはとても不快な感じがありました。

生徒某　自分の周りに気がついているかと問いかけられた時、最初に頭に浮かんだのは「あぁ、海の音が聞こえる。風も感じられる」というものでした。後になると、自分のからだをもっと感じるようになりました。自分が空間の中に存在しているのが感じられました。

生徒某　まっすぐ立つという姿勢はかなり難しくて、それを維持するには努力が必要なんだと分かりました。ちょっとした変化でバランスを失いそうになるので、立っておくためにはしっかりと自分を支えなければならないのです。地面へと真っすぐに向かう線を見つけるのは難しいものでした。

シャーロット　真っすぐな線のことは忘れなさい。それは想像上のものです。ただ、自分の感じているものだけを頼りになさい。あなた自身のからだが最も「立っている」と感じられる、その感覚に従うのです。

生徒某　朝食を済ませてからずっと、しゃっくりが続いていました。それで、あなたがお腹について問いかけた時には、このしゃっくりが特に気になりました。おそらくあなたが意図したのはこういうことではないと思うのですが、とにかくにもしゃっくりがうるさく感じられて、それしか聞こえなかったんです。でも目について問いかけられた時には、しゃっくりのことを全く忘れていました。他にもいろいろ別のことを問いかけられましたが、一番強く印象に残っているのは指先です。その時には、指先以外のことは何も頭にありませんでした。

シャーロット　あなたがたの様々な反応に、そしてあなたたちのその繊細さに、こころからおめでとうと言いたいわ！　さあ、ではもう少し、一緒にワークを続けていきましょう。

立ち上がってもらえますか？

皆さん、パートナーを見つけてください。そして手がつなげるほどの近さまで近づいて、正面から向き合うように位置してください。今、お互いが、それぞれの存在によって互いのパートナーをサポートするために、こうして向き合っています。……では目を閉じて、誰かと関わり合いながら立つことは、どう感じられているのか、感じてみてください。自分が立っていることをはっきりと感じますか？

……パートナーの近くにいることで、立つことは、楽になっていますか？……。

しばらくしたら、とてもゆっくりとパートナーの肩に両手をのせていってください。そして手はそこに置いたまま、パートナーとのより良く関わるための動き――もう一歩近づこうとか、一歩下がった方がいいなとか――が生まれてきたら、その動きを自分に許してください……さあ今、あなた方はそれぞれのパートナーとともに立っています……では、とてもゆっくりと、パートナーの肩から手を離していき、また一人で立ってください……本当に立っていると感じられる立ち方を感じ取りながら……。

目を閉じて、もう一度パートナーの肩を探してみてください……それが自分の「立っていること」にどんな影響を及ぼすのかを感じてください……パートナーの肩へ自分がどうやって手を伸ばしているかに気づいてください……触れられているパートナーの手への感覚、肩へ触れている自分の手の感覚、それらの小さな動きがどう感じられていますか？　それはあなたという一つの完全な有機的生命にどのように感じられているのでしょう……ではまたゆっくりと手を離していき、自分が今、立っていることを感じてみてください……。

では、今立っている場所で小さく前後に揺れてみてください。体重のかけ方を、ゆっくりと丁寧に、変化させてみてください。十分に時間をかけて……その動きは微妙であればあるほどいいのです……。

この動きをそのまま許しながら、今度は自分の両手を頭のてっぺんへと上げていき、楽に手を置ける場所を見つけてください。そして、こうしていてもなお、微妙な体重移動を許しておくことができるか感じてみてください。体重が移動する度に小さな変化が生まれます。その小さな変化を感じ取り、その声を聴き取れるほど、小さく、優しく動くことができますか……。

　体重を足の親指の付け根にのせた時、それから少し真ん中の方へ移した時、さらにかかとへと移した時……床との関わり合いがもっともしっくりくる位置が、どこかにありますか？　一番楽だと感じられる場所が？　その場所を見つけたら、少しそこにとどまって、十分にその静けさを内側で感じてください。けれどもそれと同時に、いつでも動けるように……。

　では、もう一度体重を前後に移動させ、ゆっくりと、ほんの少しずつ、自分が今立っている場所と、違う関わり方ができるかどうか、その可能性を探ってみてください……そして、だんだんと動きを静めて、一番楽に感じられるところに落ち着いていきましょう……ありがとう、皆さん。では座ってください……。


　では床の上に寝ころんで、足を空中に上げてみてください……そして、そのまま、空中でそれを好きなように動かしてみてください……「足でどんなことができるだろう？……足の指、足の甲、土踏まずでは？……足は、本当はどれほどいろいろな角度に動くことができるのだろう？　それを知るためには、足首をどうしてみたらいいだろう？」それらを感じてみてください……丸めたり、ひねったり、動かしたり、伸ばしたり、曲げたりして、しっかりと味わってみてください……急ぎすぎないで……自分が今やっていることを本当に感じられるように。あなたの足に「おはよう」と声をかけるのです……。

　では、片方の足で、もう一方の足を撫でてみてください。それぞれの足が、お互いに撫であうように。

ぐるりと周りをまわって、こすってみたり、撫でてみたり、あるいは包んでみたり……あなたがやってみたいことならどんなことでも……足が十分に目覚めるように……ではこれで本当に十分目が覚めたと感じたら、ゆっくりと両脚を床へと降ろしていってください……そうして寝ころびながら、まだ足を目覚めさせたままでいられるかどうか、自分が全身全霊で足に向かって意識を向けているかどうかを感じてみてください……足の中にある感覚、そして足の周りの感覚をしっかりと感じ取れるように、時々、両足を床に着けてみてください……。

もうすぐしたら、また立ってもらいたいと思います。けれどもその前にまず、自分の内側が、立つことに対して本当に準備ができているかどうかを感じ取ってください……そして自分が本当に準備ができたら、立ち上がってください……「立つ」ということを全く新しい経験として感じられるでしょうか?……少しは目が覚めてきた人? そう? ではみなさん、からだを伸ばして!

少しジャンプをしてみましょうか――片足から片足へと。さあ……足が床に着くたびに、足が床に挨拶しているみたい。「ハローー!……ハローー!……ハローー!……ハローー!」、……かかとも床に何かを語りかけていますよ。指先も。親指の付け根も……さあ、今から二〇分間、ジャンプを続けますよ。用意はいいかしら!……［笑い声］……では、今度は足を降ろすたびに「ハ!」と言ってみましょう「ハ! ハ! ハ! ハ!」という声が一斉に上がる］……今度は「ホーー! ホーー! ホーー! 」「ホーー! ホーー! ホーー! ホーー!」の声］……では止まって、また横になってください［笑い声］。

私たちはこれまで、空気ほどには、床の価値を認めていなかったように思います。足が床に触れた時は、「ハ！　ハ！　ハ！」も「ホー！　ホー！　ホー！」も、より生き生きと感じられました。さあ、こうして休んでいる間に、足をできるかぎり十分に回復させてください……心臓の鼓動が感じられますか？……心臓があって良かったわね……呼吸が活発になっている人は？……呼吸が変化できるというのはありがたいことですね……では、もう一度立ってもらえますか？……そして、さっきとは別のパートナーを見つけてください。

では、一人はジャンプをして、もう一人はパートナーのジャンプに合わせて手を叩きましょう。ジャンプしている方がもう十分だと感じられたら、今度は自分のパートナーのために手を叩きます。もう一方の人は、パートナーからのジャンプを引き継ぎジャンプを始めます。手を叩くのも、ジャンプも、どちらも同じくらい素敵に、弾み合うような感じで行ってください。それでは、リズムをとるために、最初は全員で手を叩きましょう［手を叩く］。では、一方は手を叩き続け、一方はジャンプを始めてください。スタート！［手を叩く音とジャンプの音］……もう少し静かに手を叩いて［手を叩く音が柔らかい音に変わる］……手を叩いている人は、ジャンプしている人に合わせて、自分の内側のかすかな震えを感じ取ってください……。

では座って……さて、パートナーの手拍子は、あなたを元気づけましたか？　それともうんざりさせたでしょうか？　手拍子は、時にはとても退屈なものにもなりえます。あなたと床との関係も、床にとってはひどくうんざりすることになっているかもしれませんし、床を痛めつけているかもしれません。あるいは、あなたの足の下で何か新しいことが始まる予感が感じられるほど、床を元気づけているかもしれません。では、自分をうんざりさせるようなやり方で手を叩いてみてください［無関心な手拍子］……止まって。何か感じますか？……では今度は、しっかりとした手拍子を［大きな音で速い手拍子］。

では、ちょっとひらめいたことをやってみましょうか。まず、グループの半分は立ち上がって、手拍子に合わせてジャンプしてください。そして誰かのジャンプがあなたを退屈にさせているのを感じたら、そこへ行って、その人にもうちょっと元気を出してと声をかけてください［笑い声］。さあ、ではジャンプをしている人たちを励ますような、新鮮で熱のこもった手拍子をしてください。オーケストラの開始です［手拍子］。速すぎますよ！　もう一度！　一瞬一瞬を大切にしてください。動きに対するあなたの内側の反応を感じてくださいね……今、内側で革命的な何かが起こっているのを感じる人は？　それとも、呼吸のように、何かが循環しているのを感じる人は？　それが起こるがままに現れ出られるように。押し込めたりしないで、それを楽しんでください……私たちは今、オーケストラの素晴らしい演奏を準備しているところです……また早くなり過ぎてきましたよ。もっとゆっくりと。もう一度、こんなテンポで……もう一度……では座ってください。

床との関わり合い方はたくさんあります。それとどう関わり合うかは私たち次第です。生き生きと、つねに新鮮な気持ちで、その一瞬一瞬に新しい関係をきづくのか、それとも、私たちが日常生活でしばしばやってしまうように、ただの繰り返しとして関わり合うのか。他者との関係においても、私たちは同じ関わり合い方をただ繰り返してしまいます。彼らをすでに知っているから、という理由で。「あぁ、あそこにいるのはわたしの夫だわ。彼のことはもう知っているの」と。

わたしの友達の一人で、いつもわたしに向かって「あなたの言うことは分かるわ」と言う人がいます。彼女は、わたしが口をほとんど開けるか開けない時に、もうすでに、そう言うのです。物事に対する彼女のような態度を、あなたはすっかり手放すことはできるでしょうか？　友達が言おうとすることを知ったつもりになったり、誰かが触れるのがどんな感じかを知ったつもりになったり、それがどんな味のものかを知ったつもりになる代わりに、それを新しく味わい、その人と新しく出会い、床とそのつど新しい関係をむすぶことができるでしょうか？　私たちの内側にはとても重要な測定装置があります。それは、一つの行為に対してどれほどの時間なら、私たちが十分に繊細でいられ、それを新しい経験として経験できるのかを教えてくれます。その行為が単なる繰り返しになった瞬間、それはもはや新しい経験ではなく、機械的な作業へと変化します。ですから、繰り返しになる危険性があるなら、そうなる前に止めてしまいなさい。そこにもはや意味はありません。その行為はもはやあなたをしぼませてしまうだけです。それがあなたを生き生きさせることはもうないのです。

では、もし疲れていないようなら、もう一度立ってください。最初にジャンプしたグループがもう一度ジャンプし、別のグループが手を叩きます……手を叩いている人たちはジャンプはしていないけれど、自分を支える足に、何か動きがあるかどうか感じてみてください。大きい動き、小さい動き、どんなものでも。その動きは、自分の手拍子が速くなりすぎたり、遅くなり過ぎたりしないように、あなたを助けてくれるでしょうか?……あなたのやっていることが、ジャンプをしている人としっかり向き合っているかどうかを見極める手助けをしてくれていますか?……では、交代して、ジャンプをしていた人は手拍子を、手拍子をしていた人はジャンプをしてください……自分が繰り返しの動作をしていると感じられるようになったら、すぐに止めてください……。

では、このワークの最後として、手拍子はせず、全員でもう一度床とかかとの関係、その新しい関わり合い方を感じてみてください……ではごく小さなジャンプをしてみましょう。ちょっと揺れたかなと思うぐらいの小さなジャンプを。かかとは、そのつど新しく床に触れます。とても軽く……。

では、ゆっくりと止まっていってください。そして自分の体重が、それ自身で一番いい配分を見つけられるよう床と優しく関わり合うこと、その関わり方をあなたのかかとが受け入れられるかどうかを感じてみてください……かかとに体重がかかりすぎるのでもなく、前にかかりすぎるのでもなく……からだ全体を動かしながら、あなたは床と優しく関わっています……もう一度、小さくからだを震わせてみましょう……軽く、とても軽く……「立つ」のです……。

では、もう一度立ってください。そして、今も、いつでも動き出せる状態でいるかどうか、感じてみてください……床は今、どんなふうに感じられていますか?……まぶたが自然と閉じていくのにまかせてください……もしかしたら、さっきより少ししなやかになったあなたにとっては、実際には動いていないにもかかわらず、内側にある動きが感じられるかもしれません。それがもし感じられたら、どうぞ楽しんでください……あるいはまた「立つ」ということにおいて、どんな動きも全く感じず、完全に静まりかえった状態を感じるかもしれません。それも、どうか十分に味わって……もしかしたら、この床とのつながりが、あなたの頭の内側にまで影響を及ぼしているかもしれません。頭の中がもっと自由に、楽になっていくにつれて、そこにある努力やかたくなな思いが消えていくかもしれません……。

では、もう一度、床に寝ころんでみたいと思います。床に近づいていく全ての瞬間、横になるという動きの一つ一つ、それをしっかりと感じてみてください。［とても長い間］では、また座ってもらえますか。

私たちはここまででたくさんの「動き」をやってきました。その間、それぞれがどのような経験をしたのか、お互いの経験を交換し合うのはとても興味深いと思います。ではまず最初に、誰かと接触した時にどのように感じたかを聞きたいと思います。手を取り合った時、肩に触れた時のこと。それからその後、その触れ合いから離れ、一人で立ちましたね。その間に何かはっきりと感じられたものがありましたか？

生徒某　わたしの脚は萎縮しているのですが、パートナーに触れる前にはその脚が痙攣していました。

それが時が経つにつれて、ゆっくりとですが、ほとんど痛みを感じずに床に立っていられるようになりました。

シャーロット　パートナーとの関わり合いが、あなたと床との関係が楽になる助けとなったのですね。

それは、とても良かったですね。

生徒某　パートナーがわたしの肩から手を離していった時、冷やっと寒くなりました。それからお互いに数歩離れて、それからまた近づいて――こうやってお互いに揺れ動いていたんです。パートナーである彼女の存在の重さが、揺れ動いているかのような感じでした。その後一人で立っている時にも、まだその振動を感じていました。ユラ、ユラと。

シャーロット　他にもそれを感じた人はいるかしら？　そうでしょうとも。では、最初の方の静かな実験での経験で何かあるかしら？

生徒某　一人で立っている時、自分が必要以上に脚の筋肉を収縮させているのが感じられました――ただ立っているだけなのに。それでそれをやめようとしたのですが、パートナーに触れると、またすぐに収縮させ始めてしまいました。その後、収縮は緩みました。

シャーロット　本当によくあることですが、「立つ」というようなことに〝注意を払う〟時、私たちはその〝注意を払う〟ということに対して、精一杯の努力を傾けてしまいます。そして、それが脚を収縮させるのです。いったい、目覚めるというのは、どういうことなのでしょう？　それは、何かに集中していなければならない、ということなのでしょうか？　それとも私たちは、特別な注意を払おうと努力することなく、ただ感じるということができるのでしょうか？　これはとても興味深い問いです。そして、私たちはその核心へ近づきつつあります。

生徒某　わたしは最初、脚のことについて考えようとしていました。でも脚のことを考えていない時の方が、脚でしっかりと地面に落ち着いているような感じでした。

シャーロット　この「それについて考えない」というのは、いい手がかりですね。

生徒某　手を頭の上に置いた時は、とても変な感じでした。というのも、手は髪を感じていて、髪はそのタッチを感じているのですが、わたしにとってはそのどちらも自分の一部だとは感じられなかったんです。誰かがわたしの髪を触っているみたいでした。

生徒某　自分の前側の部分をとてもよく感じました。特に誰かと向き合った時には、そこがとても敏感で生き生きとした感じがしました。

シャーロット　ジャンプはどうでしたか?

生徒某　最初､自分がまるで地面を這い回っているような感じでした。それからジャンプをして､ずっと楽な気持ちになりました。地面との関わり合い方がずっとリラックスしたように感じました。

シャーロット　ジャンプの後で、地面との関わり合いが楽になったように感じられた人は他にもいますか?

生徒某　わたしは全く逆でした。ジャンプの前は足全体で地面に立っていたのですが、ジャンプをしている時は足先だけで地面に降り立ちたいと感じていました。

生徒某　ちょうど退屈について話していた時のことでしたが、まさにジャンプが退屈だと感じていました。わたしは、新しい経験と退屈の間を行ったり来たりしていました。それが完全に退屈になる直前に、再び新しいものへと変化するのです。どちらも、時間にすると、だいたい半分半分ぐらいでした。

シャーロット　皆さん、よくこんなことがありませんか？　誰かと話している最中に、突然その場との関わり合いを失ってしまい、ただ話だけをし続けている自分に気がついて「なんてことだ！　わたしはずっと口を動かし続けているだけで、自分が言っていることをちゃんと感じていないじゃないか」と思うことが。それに気づいて、私たちはその状況にちゃんと追いつき、もう一度そこにしっかりと身を置きます。（前の生徒の発言を指して）あなたがそれを経験してとても良かったと思います。

生徒某　「退屈に注意してみなさい」と言われたので、手を叩いている人たちの顔を見てみました。彼らが退屈だなと思っている時は、その手拍子もわたしにとっては退屈に感じられました。

シャーロット　手拍子とジャンプのワークでは、ある人の中で心理的に何が起こっているのかとてもよく見てとることができます。学校で、私たちは物事を何度もただ同じように繰り返すことを身につけさせられてきました。ですから一見同じことの繰り返しに見えるジャンプのような動きをする時、私たちは（ジャンプだけでなく）自分そのものを繰り返してしまうことに慣れきってしまい、新しさを感じ取る能力を失ってしまっているのです。実際には、どのジャンプをとっても同じものは二つとしてありません。床と接するその度に、あなたは新しい自分になっているのですから。空中を通り抜け、床へと着地し、そしてまた空中へと向かっていく。それは、いつでも新しい出来事に違いありません。

例えば、小さな子どもは、何度も何度も同じことを繰り返す事があります。彼らはそれにすっかり魅了されています。彼らは、完全にその中に入り込み、全身全霊をかたむけて、何時間でも**同じこと**をしています。これが、純真無垢に、いつでも新しく物事に取り組む姿勢と、残念にも条件づけられてしまった私たちの世界観との違いです。前者の世界では、私たちは自分が何かに魅了されることを許していますが、後者の世界では、自分を楽しませておくためには、つねにまっさらなものを要求し続けなければなりません。

わたしはこれからも皆さんに、何度も、何度も、何度も同じことをしてもらう機会をつくります。そうするうちにゆっくりと、その行為の核心に近づいていき、それらの中に新しさを感じるだろうと思います。あなたがたの知的な頭は「はいはい、空中に飛び上がって、また着地ね」と、まるで世界で一番退屈な動きをさせられ続けているかのように思うかもしれません。けれどもその行為を本当に感じてみた時、その理解は変わるでしょう。その時こそあなたは、自らの人生に開かれた、まっさらなチャンスと出会うことになるのです。

生命の神秘

シャーロット　ぐったりとしなびた状態や無感覚な状態から敏感な状態への変化の中に、有機的生命の神秘の現れを見ることができます。感覚的注意が生まれた瞬間に、私たちの中に変化が起こるのです。「この部分を自分で押さえ付けているな」と感じた瞬間に、そこは変化するかもしれません。「この部分はまったく精気がないな」と感じた瞬間に、そこが目覚めるかもしれないのです。

何ヶ月もの間、来る日も来る日も、エルザ・ギンドラーとこの神秘についてワークを行いました。彼女の問いかけは「あなたの頭があるはずの場所には何がありますか？　そこに何か感じられますか？」や「骨盤の辺りには何か感じられるものがありますか？　そこで何かが起こっていますか？」というものでした。私たちは、その場ですぐに自分の内側を探りに行くのではなく、その問いが自分の中で沈み込んでいくまで待ちました。私たちは、ただそこに居るだけです。そしてただ、感覚の声に耳を傾けるのです。私たちを構成する全ての分子が、その声を聴き取ります。そのうちに、何かが自然に、自発的に、始まっていきます。それは謎、それは不思議さ、それは、誰もがもっている可能性です。言い換えれば、それこそが、感じるということなのです。

では、皆さんにたずねてみましょう。こうしてしばらくジャンプをした後、今もそれがあなたの中で影響し続けているのを感じられますか？　どんなふうに？　何が起こっていますか？　わたしはあなたの中に何が起こっているのかを問うています。あなたの腕や脚、あるいはからだの一部分だけについて問いかけているのではありません。そのことに気がついていますか？

あなたがしていることが何であっても、それはそこに直接関わり合っているからだの一部だけでなく、あなたの全身に影響を与えることでしょう。どこかで何かが開いた時、他の部分もそれにつれて同じように開かれたがるかもしれません。もしも一カ所にだけ敏感でいるならば、私たちはここを開き、あちらを開き、また別の場所を開きと、永久にそれを続けなければなりません。どこの部分においても敏感で、どのような変化も受け入れる姿勢をとるのではなく、たった一つの場所に徹底的に注意を向ける姿勢をとるならば、不自由さにもがき、自由を求めている他の部分はますますその不自由さを募らせていくことになるでしょう。（ある子どもがりんごをもらったら、他の子どもたちもりんごを欲しがります。りんごを求めても与えられなかった子どもたちは、どんどん不満を大きくしていくことでしょう）けれども、どの部分からの声にも耳を傾けるならば、一カ所に集中しすぎている時には妨げられている、有機的生命の自己調整力の働きが感じられるでしょう。

生命に宿るこの神秘には、私たちが陥りがちな「物事への過度の期待」が大きく関わっています。つまり、驚くほどの変化を経験した後では、私たちの想像力は活気づき、変化に対する反応を感じる——あるいは感じていると考える——ようになります。そこで私たちはその期待をより大きくつのらせます。私たちは自分に対して「ここはどうだろう？」「そこはどうだろう？」と問いかけます。けれどももし、もはや子どもたちのようには純粋無垢でない場合は、感覚は驚きをともなって現れてはこず、代わりに観察的思考や希望が入り込んでき、その瞬間に自然が与えてくれるもの以上のものを欲して、こころをかき乱してしまいます。

観察しようとしないこと。感じようと努力をするのではなく、ただあるがままにその経験を生きること。何かとしっかりと向き合う以上に高尚な在り方などありません。経験についてあれこれ考えたり、それを観察しないでください。感じようという努力ですら、その経験を本当に感じ取ったり、その経験に自らを完全に開き、受け入れる可能性を小さくしてしまいます。

私たちは今もまだ、これまで受けてきた教育の影響下から抜け出してはいません。私たちは他者だけでなく自らもつねに観察の対象とする姿勢を、教育の中で身につけてきました。私たちはつねに誰かを裁くと同時に自らも裁きの対象として扱うよう求められてきています。親から、あるいは教師から与えられてきた教育は、有機的生命の本当の在り様についての理解に基づいてはいません。本当は、私たちには、目覚めているための天賦の才能が十分にそなわっています。今のような教育が必要だと考えている多くの人は、私たちはもっとずっと繊細でいられる力を生まれつきもっているのだということに気がついてはいません。確かに、何かに気づいていることと、それを観察することの違いについて明確に分かることは決して簡単ではありません。それにそれは、分かろうとして分かるものでもありません。それをはっきりと分かることがどうしても必要になった時、その違いが立ち現れてくるのです。観察する必要はない、ただ目覚めているだけで十分です。自分を観察しようとする時、私たちは自らを二つに裂いてしまいます。

こころとからだの間に分け目はない

シャーロット　「わたしは、それをからだで感じたのです」。これは昨日誰かが言った言葉ですが、この文章の中に大きな亀裂があります。なにが「わたし」で、なにが「からだ」なのでしょう？　これは、皆さんに対する質問です。［生徒に向かって］どこが「わたし」で、どこが「からだ」か示してくれますか？　あなたはどこにいるのか、教えてもらえますか？［ある生徒が自分の頭を指す。笑い声が起こる］彼に賛成？［さらに大きな笑い声］以前「からだは、ある場所からある場所へと頭を運ぶためだけにあります！」と言っていた生徒もいましたが。

［頭を指して］ここと、他の部分との間にはもともと分け目はありません。それ自体で自由に浮かんでいるような「頭」があり、それとは別に「からだ」があるという考え方は、人間が頭で作りあげたものです。けれども現実はそうではありません。「私たちは有機的生命を所有しているのではない。

私たち自身が有機的生命なのだ」。しばしば引用されるフリッツ・パールズのこの言葉は、彼がわたしとワークをしていた時の経験から生まれたものです。全てが有機的生命なのであり、それ以外には何もありません。どんな思考も、直感も、記憶も、あなたを通して現される全てのものは、有機的生命のもつ潜在的能力によって生み出されるのです。つまりそれが「あなた」なのです。頭のてっぺんから足の先までの全てを、「わたし」という「有機的生命」が生きているのだと経験した時、私たちはようやく本当の意味で自らの生命を生き、自らを理解しはじめるのです。それまでは、自分で自分を引き裂いているのです。

ですから、私たちへの問いとは……自分を観察したり、裁いたりすることなくいられるかどうかということ……しっかりと目を覚ました状態でただ生きるということができるかどうか、ということです。頭のてっぺんから足の先まで、その全体を、目覚めさせることは可能でしょうか？　どんな部分も目覚めているということが？　みなさんなら、このような気づきがいったいどれほど強力なものか想像することができるでしょう。私たちの頭は、可哀想なことにいつも大きな重荷を背負わされており、一方でそれ以外の部分は何もできずにただじっとしています……私たちに生まれつきそなわっている驚くべき力は、制限されたり鈍らされていて、私たちが自分自身の生命を生きていく助けにはなっていません。だからこそ、この問いへと向き合う必要があるのです。頭の中の過剰活動を手放して、何事にもしなやかに応答していく力と、この生命を十分に生ききる力が、自分を通して現れ出てくるのをあなたは許すことができますか？

思考を手放す

シャーロット　今日は、おそらくみなさんにとってはかなり強い調子でセッションが始まりました。そこで、ここでしばらく横になってもらいたいと思います。どうか、これまでわたしが話したことはもう忘れてください……。

休息を受け入れること……休むということも活動です。それは回復を許すこと、何かに取り組むことを手放し回復に自分を明け渡すこと……何かに取り組んでいた状態から、回復へ自分を明け渡す状態への変化はとても面白いものです。例えば、手足にはまださっきまでの活動の名残が感じられるかもしれません。あるいは、まだそれを保とうとしているかもしれませんし、まださっきと同じように働いているかもしれません……それを手放していきます……力を抜いて、自分を緩めていきます……自分の手足が生気を回復していくことを許していくのです。状態が変わるにつれて起こってくる、それぞれの変化を受け入れてください……。

休息は私たちが新しくなるための素晴らしい機会です……こうやって横になりながらも、私たちは新しくなっています……胴体の内側、からだの全てが……頭の中も。努力を手放すことをもっと、さらに、自分に許してください。休息に向かう変化の可能性が、十分に開いていけるように……こうし

て、頭の中も少しずつ生気を回復していくことができます……。

まだ頭の中で考えている人？……。

では、皆さん起き上がって座ってください。

今では多くの人が、どうやって自分で自分の〝思考をストップ〟させるのかを学んでいます。彼らは思考をコントロールし、考えることを止めようとします。それは、あたかも自分を窒息させようとするのと同じように、思考も窒息させてしまえるかのようです。私たちは時に、静けさを強く欲するということに気がついているでしょうか？　静けさは、とても素晴らしい状態なのだということに気がついていますか？　静けさとは単調さや鈍さとは違うものです。そうしたものとは全く違っています。けれどもまた、静けさは思考を禁止することでもありません。静けさとは、私たちがゆっくりと入っていくことができる、ある一つの状態です。一瞬ごとに現れてくる思考を、無理に止めることはできません。けれども、自分が休息を欲していると感じられれば、ゆっくりと、思考を手放していくことができます……自分の内側に安らぎをもたらすことができるのです。分かるでしょうか？　つまり、静けさの状態に入るというのは、今すぐにそれが起こって欲しいという期待を込めつつ、自分に命令を下すのではないのです。そうではなく、より静かに、より安らかになっていくように、時間をかけ、それが訪れてくるのを待つということなのです。

では、そうして座ったまま目を閉じてみてください。

頭の中の本当の状態を感じてください……それに対して正直になって！……そこに何を感じますか？……頭があると自分が信じている場所には何があるでしょうか？　そこに何かを感じますか？……。

もしも何も感じなくても、それも何もないということを感じているのだということですけれど……もしも何かがあるのを感じるなら、何をあなたは感じていますか？……そこに何かを感じる人？……そこに、何の感じもない、と感じている人？……。

ありがとうございました。では目をあけてもらえますか？……では、あなたが何を感じたか、聞かせてもらえますか？

生徒某　わたしは両方のこめかみの部分にプレッシャーを感じました……目の中にはちょっとした緊張感があり、それが上の方までずっと続いているのが感じられました。目を取り囲んでいる全ての筋肉が感じられました。

シャーロット　なるほど。他の人はどうですか？　何を感じましたか？

生徒G　少し頭痛がありました。

シャーロット　その頭痛は何かをあなたに言っていましたか？　酷使されているから痛かったのかしら？　それともただ痛みだけがあったのかしら？　その痛みが何を言っているのか、感じることができましたか？

生徒G　昨日の夜は眠りにつくのが遅すぎて、今朝は起きるのが早すぎたと言っています。

シャーロット　［笑いながら］あら！　とってもよく分かるわ！　他に誰か？

生徒某　重さと厚みを感じました。まるで自分の頭が固い塊みたいでした。

シャーロット　なるほど。そうですね。他に、彼女と同じように感じた人はいますか？　同じような感覚があった人は、手を挙げてもらえますか？

生徒某　わたしは最初は重さを感じました。それからしばらくして、うねりのような、ものすごい暖かさ、脈動みたいなものを感じました。脈拍ではなくて、流れです。

シャーロット　では、一つの感覚だけではなく、それが変化していったのですね。こんなに短い間でも、頭の中に変化が起こっているのを感じた人は他にいますか？

生徒某　えっと、目の周りの神経と筋肉の感覚がつねに変わり続けていることに気がつきました……収縮したり、緩んだり、向きを変えたり……。

生徒某　わたしは自分の顔と頭蓋の部分を感じたのですが、そこに何があったにしても……あったとしたら、の話ですが……、とにかくそこは安らいでいるのだと感じました。もしかしたら、そこには何もないのかもしれませんね。

シャーロット　なるほど。あなたも同感ですか？　あら、あなたも？　たくさんの「感覚のメニュー」が出来上がってきましたね。何かを本当に感じ取るということは、目で見て感じ取るのとは違うということに気がついたでしょうか？　これが感じることと見ることとの違いです。ですから、私たちは頭の中のイメージ――今朝、鏡の前に立った時に見ていたもの――をすっかり手放さなければなりません。そして、ただ正直に、ただ真っすぐに、そこに何があるのか……もし、あるとするならば……

を感じてみる必要があるのです。

これはとても繊細なテーマです。どうすれば生命の力が十分に現れ出てこられるようになるかは、時間をかけて少しずつ学んでいくよりほかはありません。より十分に生きるためには、観察しようという努力を手放さなくてはならないと感じた人はいますか？　本当は観察する必要などない時ですら、そうせずにはいられないようなら、それは生命の働きを自ら妨げてしまっています。そしてまた、私たちの内側が今の経験に完全に開かれている時には、そこに気を散らせてしまうような思考が入り込む余地などありません。その状態とは、鈍感で寝ぼけたような状態とは違います。それとは逆で、今の出来事にしっかりと満たされているのです。

今日多くの人びとが瞑想の大切さを認識するようになってきました。瞑想とは、内側の静けさに錨を降ろし、こころの過剰な活動や、こころを乱すさまざまな物事やとらわれから解放されることです。今は多くの人びとが、本当に大切なものから自らの目をそらすことにやっきになっています。いったいどれくらいの間、私たちは目をそらし続けられるでしょうか？　どれくらい目をそらせば満足できるのでしょうか？　いつになったらこう感じる日が来るのでしょう。「もうたくさんだ。これまでの生き方をやめて、**一瞬一瞬を大事に生きる**という生活を味わってみたい」と。そして今という瞬間、今まさにそこにあるものに自分を明け渡して生きるようになるまでには、どれくらいの時間がかかるのでしょう。それを自分に許せる準備が整うのはいつでしょうか？

禅仏教とセンサリーアウェアネスとのつながりはこの点にあります。それらの共通点は、どちらも共に、今という瞬間の自分の行いに完全に目覚めつつそれを生きているということです。禅の修行者たちはその方法を座禅を通して学びます。そして彼らはいかなる時にも、いかなる物事においてもそうであるように修行を重ねるのです。気づきとともに自分の行為を生きるのです。そのような生き方をするとき、そこに痛みは生まれないか、あるいは少なくともこれまで感じていたのと同じようには、痛みを経験しないのです。

内側の何かが教えてくれる

シャーロット　今わたしが感じていることを正直にお話しましょう。率直に言えば、わたしはあなたたちが痛みを感じながら座っていようと、痛みを感じずに座っていようと、それほど興味はありません。わたしにとってのこのワークの意味は、一人ひとりの人間が、それぞれの本来性に近づいていくことにあるからです。わたしをつねに魅了し続けるのは、有機的生命がそなえる広大な知恵の発見です。私たちの内側には、どうやって物事に取り組むのかをつねに教えてくれる何かがあります。何かが機能していない時には、それが「機能していない」ということを私たちに感じさせてくれるとともに、本当はどうなりたいのか、どうやったら機能するのかを感覚を通して教えてくれます。私たちはその声にどうやって従うのかを学ぶことができます。このワークの何がわたしを惹き付けるかと問われたなら、このワークが私たちの中に宿る創造力の発見の可能性を開いてくれる点にあります。内側からの声を聴き取り、こうでありたいと告げるその声に従っていけるようになる点にあるのです。

禅では「全ての人に仏性は宿る」と言いますが、これは決して浅薄な言葉ではありません。それはあることを意味しているのです。仏性は誰の中にもある。あなたの中にも、あなたの中にも、あなたの中にも、そしてあなたの中にも。仏性は私たち全ての人間に宿っています。それはつまり、私たちの内側に、答えを知っている何かがあるということです。私たちの内側に私たちを導くものがあるということです。私たちの内側に、それがどのように伸びていきたいのかを教えてくれる何かがあるのです。だからこそ、私たちは他者に対して開かれた態度で接しているのか、その反対に自分を閉ざして接しているのかを感じとることができるのです。あるいは、自分が真実を語っているのか、それとも真実から少し逸れているのかを感じられるのです。何かの上に圧力をかけているのか、ただそこに重さを載せているだけなのかも感じられます。自らの呼吸の機能にまかせて息を吸ったり吐いたりしているのか、それとも自分が呼吸を操作しているのかも感じられます。誰かと折り合いをつけなければならない時、その人のあるがままを認めるのか、あるいはその人を操ろうとしているのかを感じとることもできるのです。その他も同様です。もし、もう少し目覚めていることができれば、自分の内側の本来性が、自らに語りかける言葉をはっきりと感じ取ることができるのです。私たちはその能力を生まれつきそなえているのです。それこそが、わたしを惹き付けてやまないものなのです。

　例えば、座ることができなければ、このような問いに完全に自分を明け渡してみてください。「どのように座れば、わたしの呼吸は十分にその機能を発揮することができるのだろう？　呼吸が、わたしの中で楽に機能するためには、わたしはどうやって座ればいいだろう？」そうすれば、呼吸があなたに座り方を教えてくれるでしょう。わたしが呼吸法を教えずとも、あるいは禅の老師が呼吸を指導せずとも、あなた自身の呼吸があなたに座り方を教えてくれます。[2] それは、あなたに走ることや、ダンスや、愛の営みをどうすればいいのかも教えてくれるでしょう。この世界の何もかもを、あなたに教えてくれるはずです。情報の源は実はあなたの中にあるのです。けれどもそれはしばしば眠ったままになっています。感じるということは、可能性に目覚めるということです。私たちの内側にあるこの源に直接触れていく可能性に気づくということなのです。

このワークは一見すると、身体的なワークのように思われるかもしれません。けれどもそうではありません。これはただ目を覚ますためのワークなのです。もしもあなたが今日はずっと脚のワークをやっていたと思っていたとしても、私たちがやっているのは脚へのワークではないのです。私たちは自らの全てが目覚めるためのワークをしているのです。骨盤も同様です。先日のクラスで、誰かが「骨盤のワークをやってから、前よりも楽に座れるようになりました」と言っていましたね。けれども私たちがやったのは、骨盤へのワークではないのです。自分が本来もっている可能性に対して目覚めるワークをしたから、楽になったのです。この意味が分かりますか？　あなたたちは、からだに働きかけているのではないのです。私たちはより目覚めていくことに取り組んでいるのです。目覚めていくにつれ、「non-sense」（通常は「ナンセンス・意味をなさない」の意。けれどもここではシャーロットはあえて字義通りの「感じがない」を意図して使っている）の場所に気がついていくでしょう。Non-sense—感じがない。それに気づいた時、だんだんと、non-sense が sense へと変わっていくのです。

例えば、股関節の素晴らしい働きのおかげで、私たちは座ることができます。股関節は丸い骨と受け皿のような形をした骨とでできています。丸い骨が受け皿の部分とうまく噛み合うようになっていて、そのおかげでこうやって上げたり下げたり、内側や外側に向けたりと、さまざまな方向に脚を動かすことができます。骨の周りには収縮可能な靭帯があり、これが骨と骨とをつないでいます。そして筋肉。筋肉はその場に伸縮性を与えると同時に、危機的状況下では硬直し、内部を守る役割もはたしています。ところが多くの人が、あたかもつねに危機的状況の最中にあるかのように振る舞っています。彼らは筋肉をかっちりと固めて、それが動けないようにしています。本来なら、座っている時にはこれらの組織は動くことができるはずです。もしそうでないなら、その可動性がちゃんと発揮できるように、これら全ての組織を目覚めさせなければなりません。それら全てが目覚めない限り、そこに可動性を取り戻すことはできません。やがてそこがしっかりと目覚めていくなかで、全ての可能性が立ち現れてくるでしょう。

　もしこのような表現を許してもらえるのであれば、わたしはこのワークをスピリチュアルなワーク[3]だと言いましょう。このワークは目覚めることです。私たちを形作るすべての分子に生命の力を満たすことです。生命を生きることなのです。その力は私たちの内側全てを満たしています、どんなところにも満ちているのです。

自らの感性への揺るぎない寛容さ

シャーロット　私たちがより深く自分自身を探っていく時、もっと分かりたいと思い続けてきた何かに気づきそうになった時、私たちはその歩みを邪魔する多くの障害物に出会います。私たちの多くがその障害物に打ち負かされてしまい、それ以上深く進むことを止めてしまいます。興味を失ってしまったり、がっかりしたりして。目覚めるという経験は、いつでも心地の良いものだとは限りません。もっと感じるということは、あらゆる意味・全ての経験において、今までよりも、もっとずっと感じるということです。そのことに気がついた人はいますか？　私たちは、何について感じるかを選ぶことはできません。だから時には、より意識的になるということが、私たちがこれまでずっと飲み込んできたこと、あるいはずっと閉ざし続けてきた何かに、自分を向き合わせることになるかもしれません。けれども、どうかその気づきを感謝とともに受け入れてください。なぜなら、そこから、新しい何かが始まるのですから。

「感性」[訳注1]とはいったい何なのでしょうか？　それは生きること、感覚的な生へと足を踏み入れることです。多くの人がそのような生き方を恐れています。わたしは、自らの内側の感覚との出会いへとみなさんを招待しているのです。自分が感じているものを感じ取るための案内役をしているのです。ですから、感じられるものが何であれ、それを閉ざしたりないがしろにしたりせずに、自らの感性に対するゆるぎない信頼と寛容さをもって、それらと向き合ってください。自分に感じられてくるものに対して「これは良いけど、あれはダメだ」と小さく切り分けてしまうならば、私たちは、ありのままの自然な経験から自分自身をすっかり遮断してしまうことになります。このワークを通して、どんなに小さな経験も、いかに素晴らしく、純粋で、そして神聖なものであるかが感じられてくるでしょう。どれかを拒否したり、どれかを特別好きになったりする必要はないのです。

エルザ・ギンドラーはこのように言っていました。「もしもあなたが自分の出っ張ったお腹を小さくしたいと思うなら、まずはそれを感じる勇気をもたなければなりません」。それはつまり、今向き合っているものが何であるかについてしっかりと気がついているということが、とても、とても大事だということなのです。それに気がついてこそ、変化が始まるのです。そしてその時には、**それ**自身が望む方向へと、**それ**があなたを導いてくれます。けれどもまずは、それに対してより繊細に感じ取っていくことから始めなければなりません。そして、このことは今すぐに取りかからなければならないのです。そうでなければいつまでも後回しにしてしまいますから。私たちはなにかと「機が熟したらやってみよう。でもまずはちょっと様子をみて……」というように考えがちです。けれども最初の一歩、そして続く一歩を踏み出さないままで、「機が熟す」ことなど決してありえません。

わたしはあなたたちを、それぞれの旅へと案内しています。その旅は自分のペースで、それぞれの道をそれぞれが行かねばなりません。時には一歩下がって待つことが必要かもしれませんし、またある時には歩み続けなければならないかもしれません。あなたは前へ進むこともあれば、時には脇道へ逸れ、また戻ってくることになるかもしれません。いつも真っすぐな道があるとも限りません。あなたたちはその道で出会うものに導かれながら、先へと進んでいかねばなりません。

皆さんにスライドをお見せしたとき――わたしはそれをもう一〇〇〇回近くも見たのですが！――またもや、それらの写真に感動せずにはいられませんでした。それらの写真には、私たちがこれまで取り組んできた多くの問いかけが、まさに写し出されていたからです。ベンチに座っている赤ん坊を写した一枚の写真を覚えているでしょうか？　ベンチには背もたれがありましたが、赤ん坊は背もたれには全く注意を払わずに、腰掛けの部分にうつくしく座っていました。まるで小さな仏みたいに。そこには何にもない……欠けているもの、足りないものすらもない……彼は仏のように、自由にのびのびと座っていました。

あるいは、子どもたちが集まっているのを写した写真を覚えていますか？　一人の子どもが他の子たちに向かって何かを報告していました。あそこにも、一心に耳を傾ける小さな仏たちが座っていました。そこにも、欠けているもの、足りないものなど何もありません。話をしている女の子は、ただもうこころのままに話をしていました。彼女の表情を覚えていますか？　それ以外の子どもたちは、彼女の話に、ただただ耳を傾けていました。彼らの小さな手が、小さな背中が、小さな頭が、小さな何もかもが、その話に聴き入っているのが感じられたでしょう。彼らはそこに在った……何も欠けるものなしに。そして、その写真を見たあなたたちが、彼らの在り方に大きくこころを動かされたことを、わたしはこころから嬉しく思いました。

自分がもはや自分でない時に

シャーロット　それから私たちは、可愛らしい女の子たちの写真を見ました。雑誌の切り抜きでしたが、一人の女の子が話をしていて、もう一人はそれを面白そうに聞いている振りをしている写真です。全てがとても楽しそうに見える……そんな完璧な偽物を。
先の子どもたちの写真の中には、本来の私たちとはどんな存在であるのかが写し出されていました。そして可愛らしい女の子たちの写真に写し出されているのは、社会や広告会社によって教育された私たちの姿です……あるいは、どれをとってもポーズをきめている細身の女性の写真からは、「どうすべきかしら?」と頭をフル回転させながら、見せかけの格好よさを作り出そうとしている姿が写し出されていました。

また、すっかり疲れきった男性の写真も見ました。実際の彼は、非常に優れたテニスプレイヤーで水泳にも秀でています。彼はこれまで、陸上選手が受けるようなスタイルの訓練を受けてきました。そこでは、とにかく過酷な努力が要求されていました。一方で皆さんは、パーヴォ・ヌルミというフィンランドの素晴らしい陸上選手を覚えているでしょうか? 彼の父親は木こりで、彼は子どもの頃、父親へ昼ご飯を届けるために毎日森の中を走っていたそうです。そのように毎日森の中を走っていると、時折鹿が駆けていくのを見かけることがあったそうです。そこで彼は鹿のように走るようになりました。誰も彼に走り方を教えてはいません。彼が走ったのは、それが必要だったからであり、それが好きだったからです。そうやって彼は最高の陸上選手となったのです。私たちがここで探しているのは、森の中の鹿が彼に与えたのと同じものです。

私たちは、学びには、必ず誰かそれを教えてくれる人が必要なのだと教えられてきました。何についても先生が必要で、彼らからあれやこれやのテクニックやメソッドを教わり、それに従うべきだと教えられてきたのです。例えばフィニッシュイング・スクール[4]では、足の運び方、微笑み方、カップの持ち上げ方を学びます。全ては完璧な動作です。けれども、そうするうちに自分自身からますます遠く離れていくのです。もはや、あなたはあなた自身ではいられません。まるでサーカスの馬のように、教師たちから行動の規範を与えられます。けれども実はそれらは自分自身の奥深くへ浸透してはいきません。なぜなら私たち一人ひとりは、それぞれの教師たちとは別の人間であり、その内面は違っているのですから。けれども小さな子どもたちは親の言うことを信じ込み、大人は教師の言ったことを信じます。そうして自分にとっては奇妙に感じられるものを次から次へと与えられ、どんどんと本当の自分を塞いでいくのです。

例えばドイツでは、良い子はすすんで握手をすることになっています。でも子どもの時のわたしは握手が好きではありませんでした。母が「ベティーおばさんと握手なさい」と言えば、わたしは「手が汚れているの」と答え、手を背中の方へ隠しました。母はわたしをなだめすかして、わたしの両手（それらはもちろん汚れてなどいませんでしたが）を前にもってこさせ「さあ、ベティーおばさんと握手するのよ」と言うのです。しょうがなく、わたしは左手を出しました。すると母は慌てて「どうしてベティーおばさんにあなたの素敵な右手を出さないの？　ほら、そっちの小さな可愛らしい方の手よ」と言うのです。それでわたしはそうしなければならないような気になり、その「素敵な方の手」を差し出しました。こんなふうにして、教育は私たちから自分自身を奪っていくのです。自分ではないものので自分を覆い隠し、教師たちがそれを強化し、そうして少しずつ本当の自分から離れていくのです。

目的地へ辿り着く

シャーロット　けれども私たちは、自分自身へと立ち戻る可能性もまたもっているのです。自分が今やっていることに完全につながることができれば——それを完全に生きることができれば、その可能性を実現することができるのです。昨日、私たちは座ることのワークをしました。今から思えばそれを録画しておけばよかったと思うのですが、とにかくその時のあなたたちは、ぶら下がっていたり、崩れかかっていたり、椅子に倒れ込んでいたりと、様々でした。どの人も、ただ座る、ということからはかけ離れていました。わたしは、あなたたちがそれを「座る」と呼ぶことには同意しません。あなたとあなたの「座る」という行為との間にしっかりとしたつながりが欠けてしまっているからです。つながりの欠如はとても奇妙な現象を生み出します……言うなれば、いつまでたってもどこにも辿り着くことがないという現象です。つまり、いつまでたっても目的地への途上にあるか、あるいはあまりにもスピードが速いために目的地をとっくに通り過ぎてしまい、別の場所に向かっているか。とにかく、辿り着こうと思っている場所へは決して辿り着かない。これが、禅の老師たちがわざわざビッグ・ニュースとして記した「座ることとは座ること！」の意味です。

写真に写っていた生後五、六ヶ月の仏は座ることが何であるか分かっていました。どこで教えてもらったのでもなく、ただ自分の本来性に従うことによって、完全に座っていました。その本来性はまだ何にも損なわれていないので、彼はいかなる疑いの気持ちをも差し挟まず、ただ座っていました。彼は背中に痛みを感じることもありません。私たちが本当に座るなら、その行為が自分を痛めることなどないのです。

今日においては、たくさんの簡単で穏やかなマッサージがあります。肩を揉んだり、背中をほぐしたり、そこここを撫でたり、軽く叩いたりと、友人や親しい者同士で互いにマッサージしあったりしています。こうしたマッサージが必要だということは、私たちが、自分の行為とのつながりを欠いてしまっているために、そこに痛みや緊張が生まれているのだということを意味しています。完全に座っている人には、背中の痛みも肩の緊張もありません。痛みや緊張があるとすれば、それはバランスのとれた自由な状態で座るまでに至っていないということです。その状態に至った時、全ては純粋な喜びとして感じられます。真実を口にする時、こころから何かや誰かを愛する時、何かを最後までやり遂げた時に感じるいい気分、それが座っている時にも同様に感じられるのです。

何年も一つの課題に苦しみながら取り組み続け、ようやくそれをやり遂げた時、いい気分です。こんな気分を、皆さんも感じたことがあるでしょうか？　伝えたかったことを手紙にようやく綴り終えた時、いい気分です。家の掃除をして、すっかり綺麗になった時、いい気分です。長い間意見が対立しあっていた相手と話し合い、とうとうお互いに理解し合えるようになった時、いい気分です。

つまり私たちが、いわゆる「からだの中」に抱え込んでいるもの、それによって緊張や痛みといった苦しみを作り出しているものとは、未完了の仕事なのです。まだちゃんと片付いていないもの、まだ着地点へと至っていないもの、未消化なもの。それらのせいで、私たちは完全には落ち着けないでいるのです。たとえこの未完了の仕事を意識しないようにしていても、内側の声は納得せず、私たちに「こっちに来て！」といつまでも呼びかけます。「来て！　ちゃんと終わらせて！　十分にそれを開かせてよ！」というその声を、いつも感じ続けることになるのです。

私たちが時に良心と呼ぶのはこの声のことです。わたし自身はこの声を十分に完全な内側の気づきという意味で、「より研ぎすまされた意識」と呼ぶ方がいいのではないかと思っています。私たちの内側にあるこの声は、私たちがそれに積極的に耳を傾けるまでは、決して引き下がったりはしません。

六〇年代に入って起こった学生運動は、誤った教育の支配からの解放を求めて立ち上がった学生たちによる活動でしたが、その背景の一つに、この声への気づきがあったとわたしは思っています。けれども残念ながら往々にして、彼らは全てに「ノー！」と叫んでいました――彼らの本来性を奪うものに対してだけでなく、何もかもに対して。彼らが最後に辿り着いた先は、それが本物か偽物かであるにかかわらず、ただ全てのものに対して「ノー！」と言うことだったのです。

広告の少女たちを思い出してください。私たちも彼女たちのように、いい子で上品に微笑み続けるように教育されてきました。今やそれは大成功をおさめています！　今の世の中では、誰かが微笑んでいても、それが本物か偽物かなど誰も見ようともしません。「少なくとも彼はややこしい人じゃない！」そうやって私たちは世間に同調し、微笑みを絶やさず、親切で、人から喜ばれる人間でありたいと思っているのです。私たちは幼い頃からこれらを学習し始めています。母親を喜ばせたい。母親が喜べばご褒美がもらえる。母親が喜ばなければ叱られる。そうして私たちは誰かを喜ばせようとし続けます。

わたしはこれまで、自分が欲しいものを手に入れるためには、ただ相手を喜ばせようとしたり、褒めそやすことしかしない大人たちにたくさん出会ってきました。もしそうした人たちが自分に正直に向き合い、本当の自分を感じてみたとしたら、人を喜ばせようとする試みの下には計り知れないほどの強い怒りがそこにあるのを見つけるだろうと思います。こころの奥深くで燃えている怒りです。彼らは自分の目的を果たすために、誰かを喜ばせることでその怒りを覆い隠しているのです。その怒りに正直に向き合えば、何が自分をそれほどまでに怒らせているのかが見つかると同時に、なぜこうまでして人を喜ばせようとし、それによってこの怒りを覆い隠さねばならないと思っているのかが見えてくるでしょう。そして、その怒りの多くの部分は自らの過去に根ざしていることが分かるだろうと思います。

ここで、私たちは怒りの源が何なのかを突き止めるためにこれからの全人生を費やして過去を探っていくこともできるでしょう。けれども、もう一つの可能性として、自分が今この瞬間になしている行為が、今起こっている出来事にふさわしくないのだとただ気づく、ということもできます。自分は、今まさに起こっている出来事に耳を傾けていない、それをしっかり感じ取っていない——それらのことに気づくのです。本当に何かを聴いている時、私たちは間違いなくその場に存在しています。今起きている経験の最中を生きています。自分の全てを解放し、それに開かれているのです。

今の行いに全身全霊をかたむける

シャーロット　チャールズとわたしは〝ビーイング・オール・ゼア[5]（全身全霊をかたむける）〟というワークショップをすることがあります。これは、あなたたちが小さな子どもたちの写真の中に見つけ出したものです。彼らは自分が今やっていることに全身全霊で取り組んでいました。誰一人として座ることや頭の向きを変えたりすることに苦しんだりはしていませんでした。誰一人として肩をほぐす必要などありませんでした。彼らはただそこにいたのです、自由にそこにいたのです。そしてそこで起こっている全ての物事が、彼らを内側からほぐし、新しくしていたのです。これが私たちが完全に機能している時の機能の現れ方です。

このことはこんな問いとして投げかけることもできます。

- 私たちは、今の瞬間に自分が行っている行為――それが予期せぬ行為であっても――をより深く、より完全に感じとることができるでしょうか。
- その経験に全身全霊をかたむけ、過去や未来、あるいは二分前や十年前に感じられた怒りが私たちの前に立ちはだかっても、そこに引き戻されたりせず、今という時間の経験を、紛れのない誠実さで生きることができるでしょうか。

1　便宜上、以下の文章では「足」を踝から下の部分、「脚」は太ももから下の部分をさすものとしている。
2　クラス・セッションA「呼吸を生きる実験」参照。
3　ここでの「スピリチュアル」は「本来性に由来する」という意味。シャーロットは、こうした在り方を人間の最も尊い在り方であると言う。
4　主にヨーロッパで設立された学校。女子に行儀作法や社交に関した振る舞い方等を教える。
5　Being All There

訳者注
1　原文は"sensitivity"感受性と訳されることの方が多いが、ここでは感覚を受け取るだけではなく、受け取った感覚に応答するプロセスも含まれている。

Part3

自分を解放すること

私たちの自由を妨げるもの

シャーロット　始めてエルザ・ギンドラーのもとを訪れ、彼女のクラスで床に横たわった時、わたしは脚にとても強い痛みを感じました。立ち上がると、なおいっそう痛むのです。それで一方の脚からもう一方へと体重を移動させながら立っていました。わたしはきっといろんな表情を作っていたのでしょうね。ギンドラーが「シャーロット、どうしてそんなにいろんな顔を作っているの？」とたずねたぐらいですから。

「脚に痛みがあるんです」とわたしは言いました。

「あら」と彼女は答え、「本当に？　では、そのまま立っていなさい。もしかしたら、どうやって自分がその痛みを作り出しているのか分かるかもしれませんから」。

わたしはこころの底から怖くなりました。けれどもとにかく立ち続けてみたのです。そうするうちに、少しずつ、わたしの脚が何に不満なのかが分かってきました。そしてついには、その痛みをわざわざ作り出すために、自分が何をやっているのかにも気がついたのです。

子どもの頃、わたしはいつも乳母に手をつながれていました。あれをやってはだめ、これをやってはだめ、というように。そのうちに、わたしはどんな動きに対してもすっかり怖じ気づき、ついにはそれを嫌うようになりました。ただ読書とピアノを弾くことだけは、わたしの好きなこととして残りました。ただそれだけ。他には何もないのです。動きに関わるものは、それが何であっても、わたしには才能がないのだと断言され、自分自身もそれを信じました。けれども感じるというワークをするなかで、ようやく自分が強く押さえ込まれていたのだということに気がついたのです。わたしは、自分で自分をあまりにも強く押さえ込んでいたために、動くことができなかったのです。それからもう一つ気がついたこと、それはこれまで自分にはできないと思い込んでいたことを、わたしは本当はちゃんとできるのだということです。

興味をもって

シャーロット　目覚めて最初に感じるのは、自分を自由にさせないために、あるいはその自由を妨害するために、自分がどれほどの力を注いでいるかということです。さてみなさんは、そのことを出発点としてまずは受け入れ、そこから自らのワークを始めることはできるでしょうか？　手術前の外科医が、自分の患者の状態に向けるのと同じぐらいの関心をもって、自分自身に向き合うことができますか？　感情にとらわれたり、「ひどすぎる！」などと言わずに、ただそこにあるものが何であるかを見つけ出すことができますか？　その瞬間ごとに立ち現れるあるがままの自分を受け入れることができますか？　そして先へと進むうちに、そこで起こっている出来事に対してより自由に応答できるようになれるでしょうか？

あなたがこの経験の旅を続けていくうちに、こんな感覚を発見し始めるかもしれません。たとえば、

• 感覚を感じ取る実験のなかで、自分を完全に動きにゆだねた時にはどんな感じがするのか。

・自分の脚や頭やその他のからだの部分を動かしてくれるパートナーに抵抗する時にはどんな感じがするのか。
・パートナーからそれを引き受けて、自分で動かしてみたらどんな感じだろうか。自分を完全に緩ませて、何もかも手放してしまったらどんな感じだろうか。
・完全に目覚めていて、そこで起こっている出来事を十分に感じとっている時はどんな感じがするのだろうか。

これがあなたがたのワークの出発点です。すべては、あなたがどうやって違いを感じ取るか次第です。「今、自分は緩みすぎているな」「今、自分は何かに抵抗しているな」「今、自分は主導権をもっているな」というように。これは本当に面白いのです。どんな小さな部分も本当に興味深いでしょう。そこに良い、悪いはありません。ただ一瞬ごとに移り変わっていく何かがあるだけです。

あなたたちの中にはこんなふうに言う人もいるかもしれません。「まだ明け渡すということはできません。誰かに自分の体重をあずけることはまだできません。自分は今も用心深すぎるぐらい用心しているのです。自分をしっかりと捕まえておきたいのです」と。もしそうなら、どうぞ自分を捕まえたままでいてください！　それは面白い発見ですから。そのうち少し疲れてきたら、もしかしたらこんなふうに感じるかもしれません。「やっぱりちょっとくらいならゆだねてみることができるかも……」。そうして少しばかりゆだね始めてみるのです。それはとても気持ちがいいものです。ええ、本当にいい気持ちなんです！　すると「もしかしたら、たまにこうしてみるのもいいかも」と思うかもしれません。そんなふうにして、私たちは学んでいくのです。

この中で、今、何かに抵抗している人？　あるいは何かや誰かに役立とうとしていたり、押し進もうとしていたりする人？　だからといって、どうということもありません。そうしていたってかまわないのです。けれどもまずは、あなたはそれを味わわなければなりません。それを受け入れなければなりません。あなたの中に、抵抗の世界、自分で全てを取り込んで引き受けてしまう世界、警戒心に満ちた世界、つねに何かを計画している世界、その他ありとあらゆる世界があることを、あなたは知らなければならないのです。少しずつ、それらの中からあなたにとって必要のないものが感じられてくれば、あなたはそれを手放していくことでしょう。けれどもあなたがそれらを認識しない限り、いかなるものも決してその場を去っていくでしょう。実際には、そのもの自身が、自然にその場を譲りはしません。それらにまずは気づくこと、そしてそれに関して自分自身を責めないことが必要なのです。

それとともにある

シャーロット　ご存知のように、何かを見つけようと思うなら、まずはそれを求める覚悟をしなければなりません。そのために、禅の修行者なら内側を静め、今やっていることが何であれ、それを徹底してやり通すことでしょう。彼は禅の修行法に従って、決められた姿勢で、決められた時間、呼吸に集中しつつ座禅をし続けます。呼吸を一から一〇まで繰り返し数えるのです。これはひとえに、相当な時間を一つのことに取り組み続けるための修行、一つの行為に決して背を向けずにその場にとどまるための修行です。こうして彼は、自分自身を自らの手中におさめます。つまり、自分がおのれの主となり、同時におのれの奉仕者へとなるのです。

この姿勢と呼吸を十分長く続けた後――三〇年ぐらいかしら――ようやく全てが落ち着くべきところに落ち着いていくようになります。わたしの知る中では、唯一サンフランシスコ禅センターの鈴木老師のみが、姿勢を保とうとする努力なしに、本当に柔軟にただ座るということをされています。老師の座禅を見れば、内側の動きと静謐さのどちらをもたずさえて座っていらっしゃる老師の在り方がみなさんにも分かるだろうと思います。老師の一歩一歩の歩みに、あるいは動作の全てに、老師がどれほど完全に注意を向けていらっしゃるかが見えるのです。

禅の人びとにとって、五日間の修行期間は長くはなく、三〇年間の修業期間は短いものです。禅に身を捧げるということは、何年も何年も何年もの間、いかなる瞬間にも、その生が与えるものに対して自らを明け渡すことへの覚悟を意味しています。座禅は、完全なる気づきをもって全ての行いをなすことを目指す訓練なのです。思考を手放し、ただその経験を十分に生きる。この点で、私たちのワークは禅と似ています……自分がやっていることを十分に生きること、他のことで頭をいっぱいにしてしまうのではなく、そこに立ち現れている今という時間を完全に経験することを学んでいるという点において、センサリーアウェアネスと禅は似ています。

そうして朝起きてから夜眠りにつくまで、その間に何が起ころうとも、より深く物事に自らを結びつけられるようになるのです。あちこちに散乱しては突如として沸き上がってくる思考や、ぼんやりした思考、自分自身を操作的に扱うような意図、そうした「今」という瞬間には属していない何もかもから距離を置き、自然のままに自分が今まさにやっていることに本当に深く触れていくようになるのです。わたしの好きな言葉の一つに、中世ヨーロッパのパラケルススのこの言葉があります。「やらねばならぬことをおのれの魂の全てを込めてなせ。そこから何も差し引くことなく、そこに何も加えることなく」。みなさん、こんなふうに生きることを想像してみてください！

努力[1]を手放す——つまり、物事がただ自然に起こっていくのをあるがままに経験するという状態に至るためには、そのためのワークが必要です。例えば、ある実験の間に起こった出来事を言葉にして表すということもその方法の一つです。昨日、ある生徒が何かを話していました。ところが話の途中で、突然彼女の声の調子がまるで一八〇度方向転換をしたかのように変わったのです。それはあたかも、自分が話していることに怯えたかのようでもあり、自分が話していることとの内側のつながりを失ってしまったかのようでもありました。あなたたちの中にも、その様子を感じた人がいるかもしれません。自分が本当に伝えたいことが手に負えなくなったり、混乱におちいったりしてしまった時は、そこにしっかりととどまってください！　たとえそれが自分をどれほど困惑させるものだとしても。それとともにあること、内側からの声をあきらめないこと、それが私たちがここでしているワークなのです。

あるいは話をしているうちに、あなたがただ自分のことを話しているのではなく何かを強く主張しているように聴き手に感じられてくることがあります。まるであなたが誰かを説得したいかのように。あたかも、全世界があなたに反対しているなかで、あなたは何がなんでもこの要求を通さねばならないと思っているみたいに！　もちろん実際には誰も反対などしていないのですが。けれどももしも誰かが反対していたとしても、あなたは内側とのつながりを保ちながら、最後まで話を出し切ってください。ただ話し切る。それだけです。そこに何も付け加えることなく。

呼吸はどうだろう？

シャーロット　さて、この前のワークはどこまでいきましたか？　もしそれが分からないようであれば、あなたが今日何に取り組むのかも分からなくなってしまいます。

生徒某　私たちは動きと結びついた呼吸についてワークをしていました。歩いて、それから横になって、そしてまた歩いて。けれどもわたし自身はむしろ、呼吸のことを考えないで呼吸に気づくということに取り組んでいました。つまり、呼吸がわたしに気づくようになる……何だか正反対のことのように聞こえますが。先週、呼吸を観察することなく、ただ呼吸がそれ自身で機能しているのに気づくという経験を何度かしました。その気づきが引き金となって、自分はいつも何かから自分自身を引き離そうとしているという自らの性向にも気がつきました。歩いている時でも、座っている時でも、わたしは自分の重さがからだを通り抜けていくのを妨げていました。なぜだか分かりませんが、呼吸を通じてこれに気がついたのです。

シャーロット　他の人たちはどうですか？　これまでのように、暗闇の中を手当り次第に進むのではなく、私たちは今自分が何に取り組んでいるかをはっきりと分かっておかなければなりません。

生徒H　わたしは、呼吸と自分とがより近づいたように感じています。そのおかげで、ここ数週間ずっと自分の身に起こり続けていた出来事にも気づくようになりました。わたしは、自分の本来のスピードよりも速いスピードでいろんなことをしでいたのです。そのせいで、自分が今やっていることを飛び越えてしまい、実際にやっていること――手を洗うとか、シリアルを食べるとか、どんなことでも――を本当には経験せずにいました。

シャーロット　今の自分よりも一歩先を歩いていた、ということかしら？

生徒H　えっと、自分が何かをやっている時に、それをやりながら別のことを考えているということです。それに、やっていることもとても速くやっていて、実際には何もやっていないみたいなんです。それでお皿を洗っている時に呼吸に注意を向けてみたら、水が感じられました。

生徒J　わたしは、何をするにしても、自分がそれに対していつでも臨機応変でいることの必要性を感じました。それは、自分の行為が私に差し出してくれているものが現れ出てくるまで待つということです。呼吸でさえ、待つことが必要で……物事をさっさと片付けるために無関心に呼吸するのではなくて、待つことが必要なんだと感じたのです。そうしなければ、自分がしていることを本当には感じないのだと分かったのです。わたしは、自分が何かに没頭していると、どこかから「あぁ、まったくなんてモタモタしてるんだ」という自分の声が割り込んできて、やっていることとのつながりを失ってしまうことがあるのです。そうなると、それまでうまく連携していた機能も働かなくなってしまうのです。呼吸が自由に起こるよう、自分がどれほど頻繁に呼吸に注意を戻す必要があったかには驚いてしまいます。最初は、こんなふうに呼吸に気づきながらやると何をするにしてももっと時間が取られるように思えたのですが、実際にはずっと速く物事をやることができました。ただ呼吸に意識を向ける時間をとっただけなのに。

シャーロット　あなたの中で新しい何かが生まれ始めたのかもしれませんね。では、ものすごいスピードで何かをやらなければならない場合を想像してみたらどうですか？

生徒J　それでもまだ呼吸を感じることができると思います。自分がやっていることに注意を向け始めると、最初のうちは自分がそれをとってもゆっくりとやっているように思えるのですが、これまでの方法に戻ってやってみると、この新しいやり方の方がずっと速いということが分かり、とても驚きました。

シャーロット　他に誰か？　それがあなたたちにどういう効果をもたらしたかではなくて、私たちが何に取り組んでいたのかということについて聞かせてもらえますか。それによって何が分かったかということの代わりに、まずは、その時に自分が何をしていたかを見つけ出してもらえますか？　それが一番大事なのです。私たちが何に取り組んでいるのかが分かるまでには、しばしば長い時間がかかるものです。ですから今ここで私たちが話しているのは、極めて客観的な事実についてです。自分という枠の内側で起こったことではなく、それとはっきり分かるものについて話してください。「それが自分に何をもたらしたか」ではなく「わたしが実際にやっていたことはなんだったのか」を問うているのです。

生徒某　確か、床に自分をゆだねるということをやっていたと思います。床に横になってから立ち上がり、床にエネルギーを解放するというワークです。自分を引っ張り上げようとせず、ただ脱力して引力に身をまかせてみるという。

シャーロット　ちょっと待ってください。「床に自分をゆだねる」という言葉は、脱力するというこ瞬間は、紛れもなく完全に横たわっていたのです。「床に自分をゆだねる」ということがどういうことかを頭で理解するのはとても困難です。なぜならそれは極めて空想的で、ありのままの事実ではではないからです。わたしが「横たわる」と言う時は、それは「本当に横たわる」ということを意味しているのです。床から自分を引っ張りあげたり、そこへ崩れ込んでしまうのではなく、ただそこに横たわるということを。

生徒K　シャーロット、あなたが言ったことで一つ覚えているのは、呼吸の中にある完全な自由についてです……呼吸は、座るわたしの内にも、他のいかなる経験の内にも訪れるのだとあなたは言いました。あなたは「呼吸を、あなたの脚と腕に迎え入れてください」と言いましたね。

シャーロット　どうしてそれが印象に残っているのですか?

生徒K　わたしは言わば自分で自分を縛り付けていたのですが、その言葉で自分が解放されたように感じたのです。

シャーロット　私たちはこの問いを二つの視点から見ることができます。一つは「自分の呼吸を解放することができるだろうか?」そしてもう一つは「今の呼吸は、自分が今まさに言葉にしていること、やっていることとともにあるだろうか?」言い換えれば、「自分は本当に――その内側のすべてが――今まさに起こっている出来事とともにあるのだろうか?」ということです。それはまた、あなたが呼吸を「する」のではなく、呼吸があなたに差し出している今という瞬間に、あなたが開かれているかどうかということでもあります。呼吸もまた、あなたを通して今という瞬間に開かれているのです。

これは、自分中心の在り方から、他との関係性の中に生きる在り方へとあなたが変化するということです。あなたがいるまさにその場所で、あなたの内側の機能は、その瞬間に起こる全ての出来事を生きているのです。自分中心の生き方から距離をおくことは、いたって健やかなことなのです。

自分がその瞬間に対して開かれている時、わたしが感じるのは、わたしの呼吸もまたその瞬間に開かれているという事実です……ですから、今という瞬間よりも先に自分があるということは、自分が今やっていることと本当にはつながっていないということであり、当然のことながら、呼吸とも切り離されているということです。とはいっても、わたしは呼吸に頼り切ってしまうことがそれほど助けになるとは思いません。そうではなく、私たちは今まさにやっていることを生きなければならないのです。自分が今まさにやっていることに全身全霊で注意を向けるなら、呼吸もまたそこへと向かっていきます。

長すぎるほどの時間を、呼吸を感じることにだけ費やせば、そこから甘い汁を吸うようになるでしょう。そして次第に今やっていることにではなく、呼吸とだけつながりを保ち続けたいという思いにあらがいがたくなっていきます。けれどもあなたが何かと関わり合っている時、呼吸もまたそれに関わり合っているのです。

生徒某　わたしにとっては、呼吸に気づくことや、あるがままに呼吸をするということがとても難しいと感じられました。時々、呼吸がまさに始まるという瞬間に気がつくことがあります。何かをやっていて、自分がさっきよりももっと大きな、あるいは小さな呼吸になるのが分かった時は、そのせいで呼吸に気がつきます。でもただ「自分の呼吸に気づきなさい」と言われても、とても難しいと感じました。

シャーロット　呼吸に気づくこととあるがままの呼吸をすること、そのどちらもが必要なのです。いったい、私たちの無意識下にあるものを意識化することから私たちを妨げているものは何なのでしょう？　呼吸を意識すると逆に不安定になってしまうから、意識しないでいようとするのでしょうか？　それとも意識すると何だか不安になってしまうからでしょうか？

けれども、もし私たちが呼吸の声に耳を傾け、それが伝えてくれるものを信頼するならば、〝自分は今の経験に開かれている〟と奥底から感じられます。そしてそれが、私たちの内側へ安らぎをもたらしてくれるのです。この内側の安らぎ――観察するのでもなく、どこかへ押し出すのでもなく、〝急げ、急げ、急げ〟と急かすのでもない――を感じられた時、あなたは多くの変化の可能性を手にしています。「せねばならない」という義務感を手放せた時、あなたはすでに素晴らしいものを手にしています。自分の呼吸を意識することに取り組んでいる時、あなたの内側の安らぎはこんなことをあなたに告げているかもしれません。「今わたしは紛れもなく呼吸している。その呼吸がどうであるかに、早く気づくか遅く気づくかは二の次だ。そのために時間がかかろうが、かからなかろうが問題ではない。あるがままにまかせよう」

そうしていかなる期待も手放して、ただ真っすぐに、誠実に、あるがままの今とともに在るのです。来るものは、来ます。騒ぎ立てる必要はありません。どうしたって、あなたはいずれそれと向き合うことになります。たとえば何かが困難だとあらかじめ知っていたからといって、それが何になるでしょう？　つまりは、それは困難なのだ、というだけのことです。

それではみなさんに宿題を出したいと思います。

何かを感じようと感じまいと、とにかく次のことを一日四~五回、自分に対して問いかけてください。

「呼吸をどう感じているだろうか?」それから慌てずに、次の言葉を続けてください。「急ぐ必要は全然ない。そしてわざわざ呼吸を『行う』必要もない」と。

呼吸に意識を向けた途端、私たちはしばしばそれを「行って」しまいがちです。すぐさま「呼吸する」ことを始めようとしてしまうのです。けれども、そうではないのです。もしかしたら自分が呼吸を押し殺しているように感じるかもしれません。それならそれでかまいません。今あなたは呼吸を押し殺している。そのうちに、また自然な呼吸が始まるかもしれません。このワークはただ、普段はぼんやりとしているものを、いつもより少し意識化するということなのです。それをどうにかしようというのではなく、気づいたものをそのままに認め、感謝する。そして自分と呼吸とのつながりをしっかりとさせるために、その経験に数分間とどまってください……呼吸とはどんなものかを感じるために、呼吸という経験をただあるがままに経験するのです。呼吸をするために何かをしようとしている時は、そのことが感じられます。自分がそうしていることに気がついたら、それを手放してください。呼吸が変化を求めていることに気がついたら、変化を許してください。からだのあちこちが、もっと呼吸を必要としているのを感じるかもしれません。その時には何かが起こっているのです。そのことに気がついたら、あなたはゆっくりとそこに注意を向けていくことができ、そこで起こっていることを感じることができるでしょう。このワークは自分らしさを鍛えます。あなたは、感覚をはっきりと感じるようになります。あなたは、よりあなたらしくなっていくのです。

最も重要な問いかけは「わたしはこれを完全に、そして十分に、経験することができるだろうか？焦りや期待をもたず、空想もせずに、科学者が実験をする時のような態度で、それをすることができるだろうか？」ということです。ここで最も大事なのは、揺るぎのない誠実さです。最後まで完全な明晰さを保つことです。

もう一つ。例えば、あなたが読書をしている最中だとしましょう。あなたはその経験を生きたいと思っているはずです。もしそこで呼吸のことを考え始めるとすれば、読書という経験から自分を引き離し、それに背を向けてしまうことになります。私たちは二君に仕えることはできません。読書をしている時には、あなたが読んでいる物が「ハリエット！」「ピーター！」「アン！」というように、あなたに呼びかけ、あなたはその物語に開かれています。あなたはただ字面を追っているのではなく、読むという経験を生きているのです。私たちがある経験をしっかりと生きる時、一つの完全な有機体としての私たちの機能もまたその同じ経験を生きています。そんな時には呼吸だけがそこから取り残されることなどありえません。私たちが全身全霊で何かに取り組んでいるかぎり、何も問題などないのです。

「する」を手放す

シャーロット　私たちが自らの内側の自然な機能の発現を許さずに、感覚を使おう、使おうと努力している場合、それは「～せねばならない」という感覚として私たちに感じられます。見ることを「しなければ」ならない。嗅ぐことを「しなければ」ならない。呼吸を「しなければ」ならない。これは私たちの受けてきた教育の結果です。よく母親が子どもにこんなことを言います。「これ、おいしいでしょう、ね？」（シャーロットが口をモグモグさせながら）とか「ほら、飛行機の音を聞いてごらん！」とか「ほら、そっちじゃなくこっちを見て！」……ビューン！　子どもの中に、親によって方向付けられた反応が入り込んできます。母親たちは、もちろん子どものことを何よりも大切に思っているのですが、こうした行動は、その子自身の感覚認識を混乱させたり歪めたりし始めてしまいます。教育者たちが子どもに答えを急がせる態度や、可能な限り〝正しく〟応答することを強制する態度によって、このことはますます助長されていきます。そして大人が望むやり方で応答しなければならないという大きなプレッシャーが子どもに課せられます。そうこうするうちに、何かを「せねばならない」のだという感覚を、子どもたちは身につけていってしまうのです。けれども大事なのは、「する」を手放すことなのです。とはいえ、大人である私たちが、今からそこに立ち返るにはどうしたらいいのでしょうか？

これは簡単ではありません。「頑張りすぎている。あまりにも必死になってやり過ぎてしまっている。

この状態を何とかしなくては」と言う人たちの中には、それは自分を「リラックス」させなくてはならないというのと同意だと思っている人たちがいます。けれども自然な機能というのは、単に「リラックス」することでは回復できないのです。有機的生命には応答するという素晴らしい機能がそなわっています。自分が頑張り過ぎてしまっている時、その機能はそれへの応答として内側に制限と抵抗を生み出します。私たちの内側で起こる繊細で自律的な癒しのプロセスは、こうしてつくり出された制限や抵抗にからだのあちこちで出会うことになります。それが積み重なるうちに、この癒しのプロセスは少しずつ麻痺していきます。そうして私たちは、制限や抵抗に関わり合うことをすっかりあきらめてしまいます。頑張れば頑張る程、抵抗にぶつかるからです。そしてついには全てをあきらめてしまうのです。

今ここに、何年もの努力の結果として、とても強い抵抗を積み重ねてきた人が、いっきにその全てを放棄するとしましょう。けれども、それまでずっと麻痺していた彼の有機的生命の復元能力は、ただちに機能し始めるわけではありません。その人はしばらく麻痺したまま、生気のないまま、活力のない状態でいるのです。いえむしろ、抵抗があったときよりもしばしば悪い状態へと向かいます。それはこの場合の「手放す」というのが、頭の中だけの出来事だからです。抵抗を「手放す」ために今の自分を本当に感じてみれば、自分がいかに混沌とした状態にあるのかにまず気がつくはずです。それからようやく、それがいかに自らを不健康にしているかが分かってきます。

この状況で必要とされる変化は、頭の中で考える「手放す」という行為とは極めて異なっています。必要とされているのは、私たちを妨げているものから自由になること。そうすれば、抵抗は自然に小さくなっていき、生命の泉から湧き出る流れが、それら抵抗の間にある裂け目を満たしていくのが感じられるでしょう。そして抵抗によって妨げられていた部分が、ゆっくりと生命の躍動に満たされていき、回復が始まるのです。わたしの言っていることが分かりますか？　この話を理解することができますか？

　目に入ってくるものを努力して見、耳にはいってくるものを努力して聞き、味わうものを努力して味わい、考えるために努力して考える。これまでずっとそうして生きてきたとしたら、それは今まで生命の自然な活動を妨げ続けてきたということです。あなたはそれに気づいていなかったのです。わたしはワークの中で、あなたたちに、そこやここをもっと楽にしてはどうかとたずねています。けれどもそれは、そこにある何かをただすっかり手放してしまうという意味ではありません。そうではなく、楽になるというのはプロセスなのです。それは時間をかけて一歩一歩近づいていくものなのです。このようにして自分が変容していくプロセスにおいては、テクニックなど役には立たないのだということをあなたたちに感じてもらいたいのです。あなたたちを導くことができるのは、テクニックなどではなく、あなた自身の内側にある自然の性質だけなのです。そのために、私たちは自らの内側を目覚めさせなければならないのです。[訳注1]

　算段はやめ、思考の周りをグルグル回るのもやめた時、そこに一種の感性、無限の目覚めというものが生まれます。私たちは経験をあるがままに受け入れ、それまでよりもはるかに目覚めた状態、はるかに焦点があった状態になるのです。努力と思考で頭がいっぱいになっている状態は、まるで「使用中」のサインがあるトイレと同じです。そこは他の物や人が占領していて、あなたは入ることはできません。思考がゆっくりと安らぎ、静かに落ち着いていくのを許すならば、努力への執着は小さくなっていくとともに、そこに活力が入り込むスペースが生まれ回復が促されていきます。頭の中は空のように澄み渡り、雲一つない透徹した明晰さ、完全な目覚めと素晴らしい自由、そして、あなたの全てが機能しているのを感じるでしょう。

感じることを学び始めると、これまでの麻痺状態がゆっくりと回復していくのが分かってくるでしょう……自らの機能の自然な発現を妨げていたものが解消されていくのがどういうことかが分かってくるのです。私たちがここであなたたちに提供しているもの、それは、あなたたちが自分自身を妨げているものを手放していき、もう少し自分らしくなっていくことに他なりません。それは例えば、あなたが目を見張らずとも見られるようになること。あなたが努力を手放す時、もはや目でものを見ているようには感じず、ただ全てがあなたに入り込み、あなたに影響を与えているのだと感じるでしょう。

あなたたちに理解してもらいたいのは、わたしが感じている時、わたしの頭の中は感じようとする意図から完全に解放されているということです。わたしはただ機能している。多くの人が、あまりにも自分を管理したり、コントロールしたりし過ぎているようにわたしには思えます。その意味が分かる人？　今日、自分自身のそんな態度を少し緩められた人は？　自分を管理しないというのはどんな感じがしますか？

生徒K　とても驚きました。思ってもいないことが起こるんです。これまでとは全く違った感じ方です。

シャーロット　その違いとは何ですか？　あなたたちはまさに今、新しい世界への扉をあけ、そこに足を踏み入れようとしています。ですからここは時間をかけて丁寧に見ていきましょう。あなたがた一人ひとりについてのことですよ。無意識の状態では次の一歩は踏み出せません。何かをそれまでとは違って経験する時、有機的生命の機能とはどんなものかについての理解が始まります。その違いが特別な意味をもつものとして私たちの前に立ち現れてくるためには、まずはそれが意識化されなければなりません。さあ、その違いは何ですか？　その時、あなたにとって、何が違っていたのですか？

生徒K　わたしが強く感じたのは……「感じを頼りにする」ということは「これをやれ、あれを感じろ、頭をこういうふうに動かせ」といつも自分に指示するよりも、いかに自分にしっくりくるかということでした。それはもっとずっと深く、穏やかで、十分であると感じられます。それは微かな感じです。それに比べて、今まで自分で自分に指図してきた感じは、とても硬くてこわばった感じです。

シャーロット　私たちはしばしば成長ということについて話します。けれども、内側からいつも指図されていたら、いったいどうやって私たちは成長できるというのでしょう？　あるいはいつも世話人を頼りにしていて、成長がのぞめるでしょうか？　自らの内側には、どこをとっても素晴らしい機能をそなえていると気づく代わりに、私たちはあたかも内側のいたるところに無能で役立たずの部分があり、ある部分だけに有能な場所があると思い込んでいるようです。そしてこの立派で有能な部分の力を何とかして役立たずの部分に引き込んで、そこを管理統制しようと力を尽くしているかのようです。本当はどんな部分にも素晴らしい力がそなわっているというのに。

生徒L　誰かが「信じる」ということについて話していましたが……。

シャーロット　いえ、ちょっと待って……実験の最中に、あなたに起こったことは何ですか？

生徒L　自分で自分に指図していたり、前に経験したある出来事がまた起こるんじゃないかと期待していたり、観察している自分を感じました。それがいつ離れていったかは分からないのですが、しばらくしてから、自分自身がそれまでよりもずっと自由でしなやかになっていました。それで、どうしてこの感じを信用できないんだろう？　と思ったんです。

シャーロット　それを感じたのですね。

生徒L　はい。どうして自分に対してこんなことをやってしまうのでしょうか？　それを自分がやっているんだということは分かっているんです。不必要な堅苦しさを自分に押し付けているんです。

シャーロット　彼女と同じように感じる人は？　自分にもこんなことが起こっていると感じる人は？

生徒M　はい。からだの中にある器官と器官の間の柔軟性を経験しました――骨と骨の間にあるいろいろな場所です。

シャーロット　ほら、ちょっと待ってください。あなたに何が起こったかを言ってください。実験の時にあなたが何を感じたかということだけを話してください。感じたのではないことは口にしないで。感じたことだけを正確に述べてください。

生徒M　一つの塊のように感じていた自分というものが、いくつもの骨の集合体だったのだと感じられました。

シャーロット　他に骨を感じた人は？

生徒M　骨を感じたのではないのです、シャーロット。ただ骨に気がつくようになったんです。そして、筋肉をほぐすことができると感じました。骨と筋肉が、まるで一つの硬い物体みたいにきつく結び合わされているのではなくて、それぞれに異なる部分として感じられたのです。そして、その部分のしなやかさに少し気がつくようになったのです。人間のしなやかさに。とても面白いんです。そう、ちょっと前のクラスで——。

シャーロット　いいえ、いけません！　ここでとどまって。

生徒M　どうしてそれが面白いかと言えば、何というか、透明性みたいなものを経験したんです。そこでは何もかもがとても繊細で軽いので——。

シャーロット　混同してはいけません。その快適さを十分感じたら、もうそれは忘れなさい。実際にはあなたはそれを忘れはしないでしょうが、それでもわたしは敢えてここで、忘れなさいと言っています。ある時には、今度はもっとはっきりとその透明性を感じるかもしれません。それも起こりえます、十分起こりうることです。けれども今ここには、それを持ち込まないで。今でも私たちはまだまだ、過去に起こった出来事に浸りすぎています。あれは起こるだろうか、それともこれが起こるだろうかと期待しているのです。あることを本当に経験している時に、その経験をどこかに追いやってしまい、感じていることよりも想像していることの方がもっと大事だと取り違えてしまうのです。そうはならないように。何が起こっているかを感じ、起こったことを言葉にしてください。思考はそこに持ち込まないで。言葉と感覚を照らし合わせ、もしそれがしっくりこないのなら、感じられたことを本当に言い表している言葉が見つかるまで探し続けてください。

わたしはあなたの良い友であるからこそ、あなたの話を短く切らねばなりません。なぜならわたしには、あなたの話していることの多くはすでに実際の経験を超え出てしまっているように感じるからです。似たような経験を思い起こしたり、この経験がどういう意味をもっているのかを考えたりすることは、あなたがある経験そのものを生きることから自分を引き離してしまうでしょう。経験と空想の境目が不鮮明になってしまうのです。もしかしたら、いつの日かこんなふうに言える日がくるかもしれません。「経験するということだけでもう十分。それだけでも圧倒されそうなくらい！」私たちがある経験を本当に生きている時、それはそれほどまでに豊かなのです。あれこれと頭で考えるのではなく、感じる……それを口にする時、私たちが使うのはもはやありふれた言葉ではないのです。

他の人たちがどうやって言葉を探しているか、感じましたか？　みな言葉を探すのは楽ではないと言います。言葉を経験に戻して感じなおしたり、普段使っているのとは違う使い方をその言葉自身が要求したりするからです。これが創造的になるということなのです。そうして語られた言葉は、決して気の利いた言葉には聞こえないでしょう。けれども、経験に近い言葉が語られる時、それは驚くほど素晴らしく聞こえるのです。

これを自分に課す時、あなたはより明晰に、より鋭敏になるのです。あなたが経験の核心へと迫っていくほど、頭の中に垂れ込めていた霧は晴れていきます。たとえそれが「何も感じない」という言葉だとしても、美しくはあるけれども実際の経験からは距離のあるような言葉よりもずっとよいのです。経験にしっかりと歯を立てるのです。それが何であるか本当に分かるまでは、それを離したりしないのです。分かりますか？　犬が骨を咥えて離さないように、私たちは経験にしっかり歯を立てるのです。そうして経験をがっちりと捉えるうちに、もしかしたら「いや、何かが違っている」という言葉が現れるかもしれません。そうしたら、時間をとって、その感じが言葉として本当に現れてくるまで待つのです。もし誰かがあなたを責め立てても「これがわたしです」と答えられるように。これが今のわたしの在り方なのです。これ以外に今は何も言えることはないのです。これが今のわたしです。分かりますか？ これは今までとは随分と違った生き方です。困難な生き方でしょう。けれども、不可能ではないのです。

パリのディオールのもとでファッション・デザインを学んでいたわたしの生徒から聞いた話です。ディオールは自分の前に生地の束とともにモデルを立たせ、しばらく眺めると、次に彼女に生地をゆったりと掛け、ピンを取り、その場で生地をピンで留めていったそうです。そして画家がしばしば自分の筆のタッチを確かめる時にするように、少し後ろに下がってそれを見、時には「いや、これはもう少しこっちだ」などと言いながらピンを抜き、生地をあちらやこちらにほんの少しだけ動かすのです。そうして満足するまで――彼が本当に現したいと感じている感覚が満たされるまで――半時間ほどを費やしたそうです。

さて今、あなたたちは自分を一から創り出す必要などありません。あなたたち自身はもうすでに創られているのですから。そうでしょう？ あなたたちは、それぞれにとても美しく創られているのです。けれどもあなた以外の誰も、あなたがどういう人間であるかを本当に知ることはできません。だから、あなたにそなわる美しさに生命を吹き込むことができるのは、あなたしかいないのです……とはいっても、教育された習慣と他人の言葉であなたが塗り固められていれば、あなたですらあなたという人間を知ることはないでしょう。ですから、こうした多くの条件付けの隙間を縫って、少しずつ自分の前に立ち現れてくるものに深い興味と好奇心を呼び起こしてください……そうすればこんなふうに感じるかもしれません。「あぁ、これが紛れもない『わたし』なんだ。誰かの言葉を繰り返しているのではなく、自分の言葉で自分が話している。これこそわたしが言わなければならないこと。これこそわたしがなさなければならないこと。これがわたしの他者との関わり方。これがわたしが自らの役割へ向き合う態度。たとえそうすることがどんなに難しくても、これが『わたし』。今わたしは『わたし』を感じている。『わたし』らしさの根底へと少しずつ近づいている」と。

私たちは自分の中にたくさんの障壁を作り上げています……いわゆる自己防衛のために。例えば、私たちはもはや聴こうとはしません。適当なおしゃべりがあまりにも多すぎるから。私たちは何事においても鈍い態度でのぞんでいます。敏感になるにはあまりにもたくさんの物事がありすぎるから。私たちは経験に対して自分を閉ざし表面的な部分だけを生きています。自分に向けられるさまざまな種類の暴力に耐えることができないから。無気力で物憂げなのは、あきらめてしまったから。そしてそのあきらめは、しばしば子ども時代の経験にまでさかのぼります。興味をもつことをあきらめてしまうのは、興味をもつことを許されなかったから。全てがこんな調子なのです。

「今日」は「いつか」ではない——今という日

シャーロット　ですから私たちの現在のふるまいはしばしば、幼少期に与えられた条件付けの結果でもあります。そしてまさにこの条件付けのせいで、私たちはそれとは異なる生き方もあるということを全く理解しないのです。今日という日は「いつか」でもないし「ずっと前」でもありません。今日という日は今という日です。そして今日という日はたんなる一日ではありません。この一時間は一度きりの今の一時間であり、この一分は一度きりの今の一分であり、この一秒は一度きりの今の一秒であり、この一秒と一秒の間のほんの小さな隙間も、一度きりの隙間なのです。

どんな瞬間も全身全霊をかたむけて生きることができますし、自分が今やっていることに対して全力で向き合うことができます。それは健やかな生き方なのです。過去にしがみつくのではなく、今起こっている出来事に対して開かれている時にこそ私たちは完全に機能するのです。そこには、抑圧や無気力といった、今という瞬間に存在しないものに対抗するためのいかなる自己防衛の手段も入り込む隙はありません。実際に自分を守る必要がある時には、その瞬間に自分を開いた状態で守ることができます。守ると見せかけて実際には自分自身を締め付けたりするのではなく、完全な自由の中で自分を守ることができるのです。

多くの場合、これまでの条件付けがあまりにも深くまで私たちの中に組み込まれているせいで、それらはあたかも私たちの第二の本来性のように思えることがあります――それが、あまりにも深い無意識の部分にまで浸透しているために、条件付けそのものにすら私たちは気づかないほどです。自分自身を緩め、自らの本来の在り方へと近づいていく時、最初のうちは変化をまだ感じないかもしれません。あるいは内側の深い部分に、変化に対する抵抗があり、その抵抗にすらも気づかないかもしれません。けれども少しずつ凝り固まっていたものが解けだしてくると、ゆっくりと、そこにしなやかさが現れてきます。そうしてようやく、私たちは自分がまさに今やっていることを感じ始めるでしょう。私たちは敏感になり始めるのです。

あらゆるものに内側の気づきを

シャーロット　内側の気づきをたずさえて生きている人と一度でも出会えば、それに目を奪われずにはおれません。わたしはかつて一人のヒンドゥー教徒のダンサーが神への舞を踊っているのを見たことがあります。彼は立っていました。そして杯を手にして飲み、座りました。たったそれだけです！　けれども彼が座っている間にわたしに起こった出来事を、わたしは決して忘れることはないでしょう。彼は座ること以外には何もしていませんでした……何も……けれどもその時、わたしは突然座るということの意味が分かったのです。他の何でもない、ただ腰をおろすという単純な動作の意味が。彼はそれを生きているのだと感じました。そこには本物の電気的な質感がありました……そして同時に、最高の安らぎと、想像しうる限り最も美しい動きがあったのです。そこにいた観客は全員、たった一つのその動きを固唾をのんで見ていました。彼は腰をおろしていき、座りました。死のような静けさが訪れました。そして嵐のような喝采がわき上がったのです。誰もが興奮に無我夢中になり、このダンサーに近づきたいと舞台へ詰め寄りました。

そんなことが起こるのです。私たちの感性は、愛や純真さとしっかりと結びついています。私たちが自意識に捕われているかぎり、感性を発揮することはできません。感性とは、私たちの内側にあるつながりに直接触れることから生み出されるのです。

これまでのクラスで、実際に何が起こっているのかをどれだけの人が感じ取っているでしょうか。

それを感じ取るための秘訣は、物事が自然に起こってくるのをあなたが許せるかどうかにあります。私たちがどれくらい内側の気づきを大切にすることができるかを感じ取るために、私たちは本当にシンプルなことだけを選んでここで実験をしてきました。

　中国では、横たわること、座ること、立つこと、そして歩くことは人間としての四つの尊厳であると言います。赤ん坊だった頃には、私たちはこれを十分かつ完全にやっていました。今でも、子どもが座っているのを見れば、それが完璧なのが分かるでしょう？　それが座るということです。けれども大人が座っているのを見ると、たいていの場合、それは座ることとは違っています。彼らは座るということを放棄してしまっています。まるでそんなことはどうでもいいことであるかのように。

　私たちには、感じるという奇跡のように素晴らしい能力がそなわっています。それは私たちのいたるところにしっかりとそなわっているので、わざわざそれについて考える必要などないくらいです。どんな人も、座り、そして立つという段階を通って成長していきます。赤ちゃんが立つことを発見した時の様子は、もっとも素晴らしい光景の一つです。なんども倒れ、何度も完全には立てずにいます。どの試みにも同じように喜びと……そして苦しみが併存しています。何度も何度も立ち上がろうとし、そうしてようやく二本の足で立った時、その顔は輝くばかりの喜びに溢れています。まさに〝それ(it)〟[2]に辿り着いた時の満足感。それを感じ取る能力は、私たちの中に生まれながらに宿っています。〝それ(it)〟の近くに足を踏み入れるなり、私たちはすぐさま〝それ(it)〟を感じ取るのです。これこそ〝それ(it)〟だ！　と。

　エルザ・ギンドラーについて、わたしにとってことのほか印象的だったのは、彼女は何を行うにしても、十分に、そして完全に〝それ（it）〟を行ったということです。その行為が何であれ、それは彼女にとって感じ取るのに十分値するものであり、満足できるものであったということです。例えば、エルザ・ギンドラーの前に開かれた一冊の本。彼女はそこでページをめくります。彼女はその行為に完全な注意を向けています。彼女がそのページをめくる時、その動作には一〇〇％の気づきがあるのです。それがどんなに美しい光景だったことか。私たちが普段使う意味での「優雅さ」とは違っていました。それはまさに〝それ（it）〟だったのです。彼女は完全にその動きを生きていました。開かれた本の上に、繰ったページを静かに横たえていく時、彼女がそのページに全身の注意力を注いでいるのが感じられました。彼女は頭で考えてそうしているのではないのです。ただ彼女なら、世界で一番貴重なものを扱う時にもそうするだろうというやり方で、自分の手にあるその一枚のページに触れていたのです。

　私たちは物事の価値を二分することはできません。つまり、一方は自分に関係ないもの、興味を呼び起こさないもの。もう一方は、いわゆるより高い価値のあるものや、深い意味のあるもの、というように。前者に対しては、私たちは全く注意を払おうとせず、ただ行き過ぎてしまいます。後者に対しては、興味をもち、それに没頭します。このように物事を選り分ける態度が少しずつ解消し、代わりにどんなことに対してでも同じだけの敬意をもって取り組むようになれば、物事は驚くほど違ってくるでしょう。

　禅では「飲む時には飲み、怒る時には怒り、座る時には座り、眠る時には眠る」と言います。分かりますか？　分離していないのです。ただひたすらに〝それ〟であり続けるのです。私たちがここでやっていることも、これと同じです。多くの側面をもつ「人間」は、それ自身が一つのオーケストラのようなものです。それは本来、完全に調和がとれた在り方を奏でており、それが「機能する」ということなのです。そして「感じること」は、私たちに真の在り様を示してくれるのです。私たちは、ただそれに従えばよいのです。

　わたしはいつも〝**それ**（it）〟がどうなりたいのか、ということについて話します。それは内側から発信されるメッセージであり、あなたたちの頭の中にある何がどうあるべきかについての考えとは違うものです。例えばある人に興味を引かれる時、あなたたちはいちいちその状態について考える必要などなく、ただ興味を引かれていることを感じるだけではないですか？　水が冷たいのか温かいのかについても考えたりする必要などなく、ただそれを感じるだけです。ある状況が難しいのかどうかも、考えるのではなく、感じる。これと同じように、今起こっている出来事に対しても、私たちは即座に、そして内発的に、あるがままに反応することができるでしょうか？　一人の完全な生きた人間として、今という瞬間の出来事に、自発的かつ十分に反応することができるでしょうか？　その方が本当はたやすいのです。それは楽しいのです。自分自身の感覚を頼り、感じられたものにただ素直に従っていけばよいのですから。

自分を動かす力を受け入れる

シャーロット　同じ一日は二度と来ません。そしてどんな日も、たった一度しかない瞬間を私たちにもたらしています。その全ての瞬間において、どのように応答するかが問われています。私たちはそのつど、答えを見つけながらその瞬間を生きています。多くのエネルギーを必要とする時には、内側のエネルギーは大きくなっていきます。それほどエネルギーを必要としない時には、より少ないエネルギー状態を作り出します。つまり、エネルギーの流れや持続性や強さは、私たちがその瞬間に向き合っている物事しだいで、つねに変化しています。

強い流れに逆らって泳ぐ時と静かな湖を泳いでいる時とでは違いがあります。みなさんもご存知のように、流れに逆らって泳ぐのは本当に大変ではありますが、私たちはそれに対する十分大きなエネルギーを内側から得ることができます。わたしは直感的にこのエネルギーに惹かれます。子どもたちを見る時には、誰もがそこに宿るこのエネルギーに強く惹きつけられます。何か強大なものに挑戦すること……それを大変だと受け止めたりせず、楽しみながら、それに立ち向かうこと。そんな時、私たちは「今、深い呼吸をしているぞ」とか「今、まっすぐ座っているわ」などと自分を観察することもありません。必要なものは自然とあなたに与えられます。それはあたかも頂上を目指してひたすら山を登り、高みにいくにつれて物事が見えてくるようなものです。困難に立ち向かうなかで、自分にとって必要なものが現れ、それらは必ず与えられていきます。エクササイズで自分を鍛えたり、何かを手に入れようと必死になる必要はありません。

私たちにはこのような内側の可変性、順応性、そしてエネルギーに関する多くの位相が生まれつきそなわっています。どれほどの豊かさがそなわっていることか！　感情的な面でもまた同様にその豊かさがそなわっています。ある時には腹の底から笑い、またある時には深く泣き叫ぶことができます。

人間の応答としてのさまざまな位相が全てそなわっているのです。

けれども、たとえば父親が「強い女の子はそんなに簡単に泣くもんじゃない！」とか「お前は男の子なんだぞ！　メソメソするんじゃない」と言うたびに、私たちは本当の自分を押しとどめます。わたしはニューヨークにいた頃、エーリッヒ・フロムとよく一緒に仕事をしていたのですが、ある時こんな電話を彼から受けました。「シャーロット、今ここに一人の女性クライアントがいるんだ。もちろんわたしとしては彼女とセッションをしたいと思ってはいるのだが、どうもわたしには何ともできないようなんだ。というのも彼女は全然動かないものでね。君が担当してくれないか」。そんな事情で、彼女はわたしに会いにきました。本当に美人でしたよ！　とても裕福な家庭のイギリス淑女と言えばみなさんにも想像がつくでしょうが、本当に綺麗なんです。けれども……彼女は顔の表情を全く変えないのです。「どういうことかしら？」とわたしは彼女にたずねました。「小さい時、顔の表情を変えるとひどく叩かれました。笑ったり泣いたりすることは許されていませんでしたし、つねに正面を向いて顔を上げておかなければなりませんでした」と彼女は答えました。どれほど多くの人たちがこんなふうに教育されているのでしょう？　しばしば**立派な教育**とされているものにおいては、ある特殊な規則が教え込まれます。そしてその規則が、その先の生涯にもついてまわることになるのです。

このワークショップでは、自分のやっていることや話すことを自分がどのように経験しているのかに気づけるようにと願っています……そのうちに、誰かの話が自らの皮膚の下へと滑り込むかのように、他者の経験を自ら経験するということも許していけるかもしれません。ただ聞いて、ちょっと考えて、それからすっかりその言葉を手放してしまうのではなくて、自分を動かす何かが立ち現れてくるのを感じ取るということです。たんなる知識としてそれを聞き、「分かった」と思った瞬間、それはもうそこでおしまいになってしまいます。経験に先立つ理解などありえないとわたしは思います。聞くもの、あるいは見るものが自分に与える影響を経験するからこそ、私たちは物事をしっかりと理解するのです。経験することが許されないなら、理解もありません。頭では理解したように思えても、本当には理解していないのです。

例えば、スラッピング（軽く叩くこと）の実験でお互いを軽く叩き合った時、それが肌や肌の真下の組織だけでなく、もっと深い場所へと影響を及ぼしたというふうに感じた人はいるでしょうか？　床に腹這いになった時、わたしが言う「背中」とは、背中の皮と床の間にあるスペースのことです。スラッピングの影響は、あなたが許しさえすれば、あるいはただあなたがそれに気づきさえすれば、そのスペースをも通り抜けていきます。それは表面だけにとどまるのではないのです。スラッピングが肌や肌の真下の組織だけでなく、ずっと遠いところまで浸透していったのを感じた人がいますか？……。

生徒某　それを感じました。でも哀しみも感じたのです。ここに座っている今、より強い哀しみを感じ続けています。その理由が自分でも分からないのです。今日の午後、思考はここで作られているのだろうと思っている頭の部分に手を置き、その後で目を手で覆いましたよね。そこであなたが「指だけで目を覆っている人は手のひらで目を覆ってみてください。そしてそれがピッタリくるかどうか確かめてみてください」と言ったので、そうしてみたんです。すると涙が溢れてきたのです。でも、それがどうしてだか分かりません。

シャーロット　涙が出てきたことを嬉しく思ったのですか？　でも、もしかしたらそれは単なる最初の反応にすぎないのかもしれません。あなたが今起こっていることをより深く感じるなかで現れてきた最初の反応なのかもしれません。それがあなたを超え出て表に現れてきた。まさに起こりえることです。そうだとしたら、それは哀しみではなく、今ここで起こっていることに対する反応なのかもしれません。覚えている限りではこれが生まれて初めての……あなた自身が反応し始めた瞬間。

こころがむき出しになった時、多くの人が涙を流します。彼らは思う存分泣かなければならないのです。どれほどそうしたくとも、泣くことはそれまでずっと彼らの内側に徹底的に抑圧され、隠され続けてきたのですから。ですから今回あなたがそれを押しとどめなかったということは、とても重要なことなのです。あくびをかみ殺す時のようにはしなかったということが。あくびを隠すために、私たちは本当にいろんなことをしますよね。今日それをした人はいますか？　周囲に知られないように、あくびをかみ殺した人？　あくびが伝えるメッセージに耳を傾けることを自分に許さなかった人は？　私たちの本来性が自由に現れ出てこられること、そして自分が感じていることをより深く経験できることこそ、私たちが自由でいるということなのです。

エルザ・ギンドラーと呼吸のワークをしていた時のことを思い出します。わたしは、その時初めて呼吸とは自然に訪れてくるものだという事実に気がつきました。それに対して何をする必要もないのだと気づいたのです。それはわたしにとっては計り知れないほどの、いえ、圧倒されるほどのショックでした。それと同時に、わたしは呼吸の自律性とその機能にこの上ない喜びを感じたのです。呼吸は、わたしにどんな努力も要求してはいませんでした。おそらくそれが「機能する」とはどういうことかの一端を、わたしがつかんだ最初の瞬間です。

機能するために何かをしなければならないと感じずにすむのは、なんて素晴らしい経験でしょう。それはエルザ・ギンドラーが私たちに与えてくれた大きなメッセージです。彼女はこう言いました。「あなたたちは全部そなえているのですよ。全てはあなたたちにすでにそなわっているのですよ。あなたたちがしなければならないのは、ただそれを認めて妨げないようにすることだけです。妨げることを手放せたら、それで十分なのだから」

ある時、わたしの生徒の一人がとても面白いことを言いました。「何らかの方法で、わたしは自分自身を少なくとも少しはコントロールできるようにしておかなければならないのです。だって全部解放してしまったら、何が起こるか分からないのですから」。彼女はいたって真剣でした。もし彼女がそのコントロールを手放してしまったら、いったい何が起こるのでしょうか？　彼女はまだ、何かに対して自分を完全に開くという経験をしたことがないのです。その瞬間が彼女に差し出すものに、十分に触れたことがないのです。――私たちの多くも、彼女と同じなのではないでしょうか。

私たちが向き合う全ての出来事が、あなたに経験の場を提供しています。あなた自身がそれを用意する必要はありません。その瞬間の出来事にあなたが完全に開かれている時、あなたはその全貌を見渡すことができます。そして、あなたに必要なものが内側から自ずと呼び覚まされるのです。それこそが有機的生命のもつ不思議な力なのです。

私たちが問われているのは、その不思議な力が現れ出るのを許すことができるかどうかなのです。

それにあずけて

生徒某　ここ数日……脚に痛みがあるんです。はっきりとは感じないのですが。そして腰と太ももの部分に、何かそこを緩めたがっている感覚が感じられました。それで、体重をそのますっかり下へ落とすというのは本当に難しかったのですが、とにかくやってみたんです。それができた時から脚の感じが良くなり始めました。

シャーロット　これまでずっと腰と太もものところで、自分を押しとどめていたのでしょう。これと同じような発見をした人はいますか？　何かをいくらか手放すことができた人は？［数人の生徒が手を挙げる］こうした不必要な緊張はバランスの欠如からきているのです。たいていの場合、私たちは前か後ろのどちらかにより体重をかけて立っています。その状態で姿勢を維持するためには、筋肉はぐっと締まらなければなりません。そうでなければどちらかに倒れてしまいますから。つまり私たちはしっかりと下方へ体重を落とすのではなくて、気づかないうちに、倒れ込まないように筋肉を使ってからだを持ち上げているのです。彼女が感じたのは、からだを持ち上げる筋肉の努力だったのです。けれどもより自然なバランスがとれる場所を見つけたことで、この筋肉の努力はもはや必要なくなりました。そのためにいい感じになったのです。

エルザ・ギンドラーから学んでいた時の出来事を思い出しました。今ここで話しているのと同じ問いに向き合っていたことがあったのです。ギンドラーは、床や地面からのサポートを受け取るということについて、私たちの何人かはまだ口先だけでうまくやり過ごしており、実際には積極的なまでに自分を持ち上げていることを見て取りました。その時私たちは木々の立ち並ぶスイスの美しい芝生でワークをしていました。そこでギンドラーはある大きな木の枝を指して、私たちにそれに登って立つように言ったのです。覚えていますが、わたしが実際にそれをやろうとするまでには五分ほどかかったものです。枝の上でわたしは四つん這いになっていました。からだ中がぶるぶると震えていましたし、からだのどこもかしこもが緊張していました。そこで立とうなどという勇気は到底ありません。けれどもついに――勇気を奮い立たせて――わたしは立ち上がりました。もちろんわたしはまだ恐怖心でいっぱいでした。ギンドラーはわたしの横に立つとこう言いました。「さあ、今は発見にちょうど良い機会よ。あなたは自分の下にあるこの枝からの支えを本当に受け入れていますか？　それとも、枝の上で自分を持ち上げていますか？」わたしは自分が死にものぐるいで自分を持ち上げようとしているのを感じました。相変わらず全身をぶるぶると震わせながら……わたしは激しく震えていました！　彼女はこう言いました。「今、そこでとどまってください。感じるための時間を自分に少し与えてあげてください。そして、もっとしっかりとそこに立てるようになるかどうかを感じてみてください。それにあなたを支えさせてください。分かりますか、自分を引っ張り上げる必要はないのですよ」。しばらくするうちに少しずつわたしの中にあった興奮は去っていき、筋肉は不必要な緊張を手放していきました。そしてついには、わたしはその枝の上で完璧な自由さで立っていたのです。バランスの素晴らしい感じを感じました。こんなに高い場所の、それも木の枝の上に立つなんて思いもよらないことでした。けれども自然にそれができるようになったのです。それはなんて大きな違いでしょう。

生徒某　わたしの脚は硬直していて、その硬直を手放そうとはしません。膝を曲げれば太ももの部分の緊張は手放すことができるのですが……でもそうするとバランスを失ってしまいます。ですから膝の筋肉にはちょっとした調整が必要で、緊張させておかなければならないと感じました。

シャーロット　ヨットを知っていますか？　風がない時には帆は緩んでいます。つまり風の状態がつねに帆に作用しています。私たちの前、後ろ、側面、内側、外側にある筋肉も、帆と同様に内側の風によって動かされているのです。つまり、呼吸によって。そして呼吸は、筋肉を緊張させるのでもなく、緩ませるのでもなく、つねに筋肉をマッサージしています。呼吸にあわせて筋肉は小さくなったり、大きくなったり、また小さくなったり、大きくなったり。

呼吸による再生

シャーロット　先のセッションでは、パートナーの肩の前や後ろを触れてみました。おそらくあなたたちはその部分の内側に、何か生き生きしたものを感じたことと思います。私たちの内側にはつねに何かが動いていて、それが絶えず私たちに形を与えてくれています。それは呼吸の動きなのです。

呼吸している間――いつでもそうなのですが――、内側の組織はそこへ入ってくる物とそこから出ていく物によって、絶えず新しく作りかえられています。その組織が、回復と再生を促す呼吸の形成能力に対して敏感であればあるほど、私たちの生き方もより鋭敏で活発になるとともに、内側で絶えず生み出されている創造力に対しても開かれていきます。
呼吸がひどく妨げられている時には、呼吸があなたを新しくしてくれる可能性を閉ざしてしまっているため、すっかり崩れ落ちたような格好になります。反対に呼吸が生き生きと行われる時、つまり呼吸に対して自分を閉ざしていない時には、呼吸によってつねに新しくなる可能性を手にすることができます。

生命の力を生み出す呼吸。その呼吸で自らを十分に満たす時、私たちのからだが、この生命の力を受け取るのにどれほど適した構造をしているかを知ることができます。肺は胸の上部にうまく埋め込まれ、縦に伸びた形をしています。またスポンジ状の二つの部分に分けられており、それが肋骨の前後を満たすように位置しています。中央には伸縮性をそなえた胸骨があります。胸骨の両サイドには、伸縮性をそなえた軟骨があります。そして、この軟骨は同じく伸縮性をそなえた肋骨へとつながっていきます。各肋骨の間には筋肉があり、これが肋骨同士をつなぎ、空気の出入りに同調して動きます。

これが構造です。肺は胸の左右に配されています。肺の上端は首から腕へと伸びる強力な筋肉の周辺に位置しています。この肩の部分は、多くの人が問題を抱えている場所でもあります。この非常に強い筋肉の先は、骨のくぼみにぴったり合うようとてもうまく作られており、骨によってしっかりと守られています。筋肉は左右をさらに下方に伸びていき——ほんの少し後ろ寄りになって——腕にいたります。それは指で簡単に確かめることができます。ほとんどの人にとって鉄のように硬いこの部分は、実際にはそれほど硬くなっている必要はありません。

肺の先端は非常に強い筋肉の周辺につながっていますが、そのせいでこの部分が硬く締め付けられると、肺にとっては呼吸することがいかに大仕事になるか、みなさんにも想像がつくでしょう。硬くこわばった筋肉が肺の先端を抑えつけてしまうので、空気を取り入れ、呼吸の動きに柔軟に反応することができなくなってしまうのです。肩を持ち上げたり、頭をだらりと下げて下を向いたりすると、腕から肩甲骨にかけての強い筋肉が硬く締まります。ですからこの部分を感じることはとても大切なのです。また私たちはしばしば上腕部を締め付けています。肺の先端がしなやかに動けるかどうかは、上肢の包容力——すなわちそこに空気が自由に流れられるような柔軟さを許せるかどうか、にかかっているのです。ですから呼吸においては、筋肉組織を鍛えることよりも、そこにしなやかさを許せるかどうかの方が大切なのです。

生徒某　横になって目を覆った時、随分と長い間呼吸をしていなかったことに途中で気がつきました。呼吸が止まっていたんです。それで、しばらく呼吸を待っていました。すると新しい呼吸が、まるで新しい生命の息吹のようにわたしの中に満ちてきたんです。

シャーロット　それこそが、わたしがみなさんに分かってもらいたいことなのです。呼吸が起こっていないなら、それをあるがままに受け入れてください。呼吸に休みを与えてください。呼吸が自然と起こってくるまでは、無理して呼吸しないでください。神経質になって息を吸ったり吐いたりせずに、呼吸がそれ自身のペースで止まったり始まったりするのを許してください。あなたが呼吸をするのではなく、呼吸が自ら自由に動けるように。

例えば、息を吐き出した後、しばらくの間呼吸は止まります。その小さな隙間のような時間に、有機的生命の内側にある全てのものが、それぞれの居場所を見つけ出す素晴らしいチャンスがあるのです。呼気を完全に、十分に、そして自由に吐き出した時、それが大きな解放であり、そこに本当の安らぎがあるということを知っていますか？　息を吐く時には、ただそれが導くままに十分に吐いていきます。ただそれにまかせて。そうしてしばらくすると、ふわりと翼が持ち上がるように、新しい呼吸が生まれるのです。これは私たちが感じられる感覚の中でもとびきり素敵な感覚の一つです。どれほど言っても、言い過ぎということはないぐらい素敵なんです。

インドではどれほど長く息を止められるかや、どれほど長く息を吐けるかで、自分の強さを試す人たちがいます。一方、西洋文化圏にいる私たちはいつも神経を尖らせていて……新しい息を取り入れようとして、息を完全に吐き出してしまう前に次の息を吸い込んでしまいます。（インドも西洋も、どちらの呼吸も）忘れなさい。

あなたの呼吸が、それ自身ののぞむリズムで、自分のからだを通り抜けていくのを許してください。もし呼吸が浅さをのぞむなら、浅い呼吸を。それを批判しないでください。

有機的生命のあちらこちらで、空気や浄化が必要な場所が生まれてくると、その部分ははっきりと現れ出てきて、呼吸がそこへと向かっていきます。そして必要に応じた変化が起こるように助けるのです。けれどもそのプロセスを可能にするには、私たちは内側をもっとしっかり目覚めさせなければなりません。

私たちが本当に敏感になった時、緊張はなくなっていきます。ある組織がまだ緊張状態にあるならば、それはそこがまだ十分に敏感ではないのです。例えばわたしは、くちびるを硬く引き結んだままであなたにこころからのキスをすることはできません。それは硬いキスにしかならないのです。分かるでしょうか？　もしわたしがこころからのキスをあなたにしたいと思うなら、わたしのくちびるはそれに対して自由でなければならないのです。つまり、わたしがキスという動きの中であなたを感じたいなら、わたし自身が自らのくちびるにおいて自由でなければならないということなのです。わたしは、自分を硬く縛りつけるように抱きしめながら、同時に他の誰かをしっかりと抱きしめることはできません。自分の肩や首や腕を硬く緊張させたたままでお皿を洗ったりもできません。あるいは、もしそうしたならば、わたしはとても苦しむことになるでしょう。けれどもお皿を洗うという行為において自由な自分でいるならば、それはまるでダンスのようです。とても美しいのです。全ての動きはわたしの内側から自由に生み出されてくるのです。そしてわたしは自分が今やっていることを本当にこころから楽しむことができるのです。

1　ここでの「努力」は、「努力することへのとらわれ」の意。
2　ここでシャーロットが「それ」という言葉で表しているのは、十分かつ完全に生きられているある経験のこと。

訳者注
1　シャーロット・セルバーの直弟子の一人であるジュディス・ウィーバー博士によると、シャーロットは「リラックス」という言葉を決して肯定的な意味では使用しなかったそうです。シャーロットにとっての「リラックス」は「緊張状態」の対極にある状態、すなわち「完全な脱力状態」を意味しており、この状態は「緊張状態」と同程度に、有機的生命の機能が自然に発現している状態からかけ離れていると考えていたそうです。

Part 4

感じるとは今の自分に触れること

シャーロット　感じることとは、自分自身、他者、そして世界へともっと触れていくことです。あなたがこのワークを通して受け取っているもの、あるいはこのワークを最も特徴づけるもの、それは、あらゆるものに触れていく可能性を私たちの内側に育むことです。私たちがなすこと、私たちが出会うもの——たとえそれらがいかなるものであっても——それらに可能な限り深く触れていこうとしているのです。

全てのことに私たちは触れることができ、全てのことが私たちに触れてきます。それはマッサージやキャッチボールのボールだけではありません。会話も、難しい問題に立ち向かうのも、何かを思う存分楽しむのも同様です。問題は、どの程度までそこに自らを投げ入れているか、つまりそれを生きているかということであり、その結果として自分の中に何が起こるのかということです。あなたが何をやっているかということではなくて、あなたがそれとどうつながっているかということのなかに、生きるということの全てが内包されているのです。もしつながりが粗末なものなら、生きるということも粗末です。けれどもその粗末さを感じたなら、その気づきがあなたを物事に対してもう少し積極的な姿勢へと変化させるでしょう。なぜなら、その時あなたは自分がその粗末さに満足していないと感じ取るからです。そうしてあなたは、より十分に物事と関わり合うための一歩を踏み出します。それが何であれ、「どうもピンとこないな」という感じが、あなた自身を物事の核心のより近くへと導いてくれます。それは本当に素晴らしいことであり、ありがたいことなのです。

これはエクササイズをするのとは違います。上手くやるとか、下手だとかとは違うのです。そうではなく、世界に対する自分自身の関わり方にただ気がつくかどうかなのです。第二次世界大戦が終わりに近づいた頃、ベルリンの街や多くの人たちが爆撃によって完膚なきまでに破壊されていたちょうどその時、わたしはすでにドイツを離れていました。けれどもこの時期に、このワークをしていた人たちはこのことを確かめていたのです。自分たちがこの未曾有の危機的状況にどのように関わっているのかを見つけ出そうとしていたのです。彼らからもらった手紙の中には、自分たちが以前よりももっと機能していることや、自分が行っている物事や向き合っている物事を前よりももっと十分に生きられるようになったことなどが書かれていました。

今、私たちは、こうして、この静かで美しい環境にいます。そうした環境にあるのは素晴らしいことには違いないのですが、けれどももしかしたらこれは私たちにある誤解を与えるかもしれません。つまり、私たちは全てが静かで美しい環境においてだけ機能することができ、環境が整わない限りは機能できないのだという誤解です。全ての瞬間はそれぞれの仕方で私たちの前に現れてきます。私たちが問われているのは、それらの一瞬一瞬にどう応えるかなのです。

まだわたしが少女だった頃、旅の途上である男性と列車で出会いました。その人とわたしとはそれまで全く面識がなかったのですが、彼は無神経にもこんなことを言いました。「僕はこれまで愛した多くの女性の、ほとんど誰の名前も覚えていないんだ。彼女たちとはたった一度しか付き合ってないからね」。わたしは何て面白いことを言う人だろうと思いました。次の駅で彼は列車を降りましたが、わたしは彼が今晩どんな人と会うのだろうかと考えていました。

私たちはあっという間に真の友人を作ることもできれば、完全に表面だけの付き合いもできます。私たちがもう少し今の経験に開かれていれば、もっとずっと興味深い人生を生きることができます。

愛する人と、あるいは市場で出会った女性と、またはさっき買った野菜や、受けたり投げたりしているボールと……それが何であれ、こうしたものと関わり合いながら私たちは生きています。それらとただ表面的に関わることもできれば、それらと本当に直に出会い、その瞬間を深く生きることもできるのです。

もし今あなたが今という瞬間を生きていなくて、そのことに気がついていないとしたら、あなたを助ける術はありません。けれども、もしあなたがそれを感じられたなら、次の一歩が踏み出せます。自分の人生のすべてに大きな影響を与えるさまざまな可能性が、あなたと物事との直接の関わり合いの中に現れてくるのです。けれども私たちは往々にしてそれを許すにはあまりにも怠惰であったり、高慢であったりします。あるいは母親にこう言われたのかもしれません。「一度始めたことは最後までやり抜かなくてはなりませんよ」と。そのせいで、自分が感じていることよりも彼女が言ったことの方が正しいのだと信じ込み、変化を許さないのかもしれません。

感覚に従うことを学ぶ

シャーロット　もし、これまでの泥や埃をあなたからすっかり拭い去って、今あなたが感じているものに新しく出会ったなら、「あぁ！　ここで自分を閉ざしていたんだ」と気がつくと同時に、その気づきへの感謝の気持ちが込み上げてくるだろうと思います。そして混じり気のない自分自身のこころで、自らを恥じたり叱責することなく、ほんの少し自分を開いてみると「あぁ、まだ自分は十分には開いてないな」と感じるかもしれません。そうして、もう少しだけ開いてみることを自分に許します。それでも「まだ開き足りない」と感じるかもしれません。そうしたらまた別の変化を自分に許してみるでしょう。すると今度は「あら！　開き過ぎてしまっている！」と感じるかもしれません。そして今度は少し閉じてみるのです。これが感覚に従うということを私たちが学ぶ方法です。

私たちはこのプロセスが自由に発現できるよう、優しくあらねばなりません。感覚からのメッセージはとても繊細です。ですから、それを睨みつけて「それっていったいどういうことなの？」などと咎めないでください。そのメッセージを感じ取る時、自分が感じているのは単なる心理的あるいは身体的なものではないということに気がつくでしょう。なぜなら心理的なものと身体的なものを分けることなどできないのですから。あなたはそれらを一体のものとして感じ取っているのです。それを感覚として受け取っているのです。感じるということにはそのどちらもが含まれているのです。

何か自分にとって大事なことをやっている時、どうして私たちはそれほどまでに多くの不必要な抵抗を作り出してしまうのでしょうか？　何か本当に欲しい物を見つけた時、私たちはただひたすらそれに向かって突き進んでいきます。私たちはしばしば、何もかもを自分が選択して動いているのだと過剰に信じ込んでいます。もちろん私たちが選択してはいるのですが、最良の選択とは、私たちがある出来事を完全に生きている時、全身全霊でその物事を行っている時に自然になされるのです。ところが何かを選びとってやろうとする態度は、そうした全身全霊をかたむける在り方との間に齟齬を生み出します。その場合、私たちは人生の多くの時間を、何かを欲しがると同時に、それ以外のものを押しやることに費やせねばなりません。けれども一度「これが欲しい！」と完全に、そしてはっきりと気がついたなら、齟齬を作り出していたほとんどのものは崩れ去っていくでしょう。こうしたことは、望んで起こすというものではありません。何かを強く求めている内側からの声が感じられたなら、それをただ受け入れるだけです。

私たちが十分に感覚に対して鋭敏であるならば、私たちは自分の進める深さまで進んでいきます。決して自分で手に負えなくなるほど深くまでは進んでいきません。感情に溢れかえっている時はあまりにも進み過ぎてしまっているのです。それは、何もかもを感情と混ぜこぜにしてしまうからです。けれども本当の意味で十分に鋭敏であるならば、自分がこなしていけるものだけが現れてくるのです。感覚を感じ取るということの本質はその反応性にあります。ですから、過剰に何かを取り込み過ぎることなどそもそも起こらないのです。十分に鋭敏であれば食べ過ぎることもありません。アルコールを摂りすぎることもありません。あなたの内側にある感知器が警告を発するために、あなたはそれらを取り過ぎることなどできないのです。

感じることに時間が必要なら、その時間をとってください。短い時間で止めてしまえば、感じることの可能性を壊してしまうか、あるいは捨て去られた部分の重要性を必要以上に大きく捉えてしまいます。自分が生きている状況を歪めて解釈したり、そこに何か別の要素を持ち込んだりせずに、ありのままに感じ取ること……これは私たちが学ばなければならない一つの能力（art）なのです。私たちの感性は、この世で一番優美で繊細な友人のようなものです。それは、いつ不在であるべきか、またはいつ存在するべきかをつねに知っていて、決して押し付けがましくない在り方であなたと共にあるのです。あなたが物事に対して批判的な視点をとれば、感じることが状況をさらに悪いように歪めてしまうこともあります。物事を歪めて捉えないためには、有機的生命があなた自身に非難されているると感じずに、ありのままでいられるように、私たちは可能な限り繊細に自らの感性と触れ合わねばなりません。

内側へと向かうこと、自分が行っていることにより開かれていることは、本当はとてもたやすいことなのです。例えば誰かが立って料理をしているとしましょう。彼女は自分が脚をぐっと緊張させているのを突然感じます。その時はじめて、彼女はこの緊張が何を言おうとしているのか感じ取ることができます。そしてどのような変化が必要とされているのかを感じられれば、その変化を許すことができます。そうすれば、それまであった緊張は消えていき、料理へとまた全身全霊で取り組めるでしょう。なんてシンプルに聞こえるんでしょう。いえ、実際にそれはとてもシンプルなんです！　実のところ、エルザ・ギンドラーがこの話を私たちにした時、その場にいた全員が壁に頭を打ち付けてこう言ったんです。「どうして私たちはこんなに長い間ワークをしなければならなかったんだろう！」

関わり合うことをつねにためらっている人にとっては、そのためらいを手放すのは冒険のようにも感じられるでしょう。一方で、何かに巻き込まれること、忙しさで自分をいっぱいにすることは、有無を言わせずボートに乗せられて運ばれていくようなものです。けれども自分を忙しくさせている物事に対して、本当にしっかりとつながるなら、あなたには確かなサポートがつねに与えられていることに気がついてください。私たちは決して孤立無援にはなりえません。絶対に。なぜなら今という瞬間の中に、必ずあなたと関わり合うものが現れてくるのですから。たとえばそれは静けさかもしれませんし、他の何かかもしれません。

選ぶのではなく

生徒N　あなたが話している間中考えていたのですが、危機的状況にある時は、内側と外側をぴったりと重ね合わせることがとても簡単にできるように思うのです。そういう時には自分自身を忘れているからでしょうか？

シャーロット　そうですね。私たちはより高まった状態にあるのです。

生徒N　その時は選択の余地などないんです。ただ行動するのみです。

シャーロット　それに迷いもありませんね。物事が本当に差し迫った状況にある時、たとえばこの家が火事になったとしたら、それはあなたの中心、そのど真ん中へと向かってきます。何かが私たちの中心をめがけて入ってくるような状況においては、私たちが通常「わたし」と呼んでいるものは存在しないのです。

生徒N　でも私たちは危機的状況だけを生きることはできません。

シャーロット　わたしにとっては、全ての瞬間が非常事態[訳注1]であると言えます。自分が何かで忙しくしている時には、それに自分の全てを注いでいるからです。このことは、選択肢がない状況下において、わたしだけでなく皆さんにも起こるのではないでしょうか。何かを選ぶ時、私たちはその物事と少し距離をとっています。その物事のさなかを生きてはいません。

　本当は、どんな時でも何かが起こっているのです。今という瞬間を愛さない人はいつも、未来にある何かをつかもうとします。けれども、あなたが歩む人生の全ての瞬間が、その「何か」なのです。私たちは、どうしたって未来に向かって進んでいくのですから、何かを達成するためにわざわざ未来を求める必要などないのです。全ての瞬間に、あなたを満たし、深めていくものがあるのです。何かを手にしようと必死になる必要はないのです。選んだり、がむしゃらに追いかけることもありません。そのどちらも必要ないのです。あなたたちとワークをしている時、その場で起こっている状況がわたしを惹き付けるのです。もっとこうなって欲しいとか、あれを学んで欲しいなどと未来への期待をもってわたしがあなたたちに向き合ったとしたら、全ては間違った方向へと向かうでしょう。

時には時間をとって、健康な赤ん坊の目を覗き込んでご覧なさい。こんなにも小さな子どもの中に、どれほどの熱心さや興味や集中力――生きることに対する究極的な積極性――がそなわっているかがきっと見てとれるでしょう。その子は特定の何かを欲しがっているのではなく、ただ自分に向かってくる全ての物事に対して、等しく興味を抱いているのです。何かを手に取って全ての角度からそれを見たり、部屋を横切った人の姿を全身の注意力を使って追いかけたり。そんなふうにして私たちも始まったのです。物事としっかりと関わり合うために内側の力を呼び覚まし、その力を解放すれば、私たちは再びこの状態へ近づいていけます。予測や期待で自分を一杯にせずに、今、自分が生きているこの世界をもっとはっきりと見るならば、そこが赤ん坊の世界と同じように驚きに満ちた場所であることに気づくでしょう。そこでは、全ての物事は尊いのです。

この前の昼食時間、二人の小さな子どもたちがわたしの反対側に座って食事をしていました。その子たちが食べる様子をわたしは信じられない思いで見ていました。彼らはその瞬間を、食べることに生きているのです。彼らの目はまるで小さな湖のようでした。しっかりと開かれていて、完全に自由でした。彼らは自分に食べ物を詰め込もうとはしていませんでした。一口食べては、次の一口を運び、そのたびごとに至上の喜びを味わっていました。

食事を終えたわたしは今度は小道の脇に座りました。すると歩き始めたばかりの子どもを連れた若い母親が通りかかりました。母親は子どもの前を歩いていました。道に沿って大きな木々や緑の草地があり、さまざまな物が路上にその影を落としていました。子どもは立ち止まってはある物からまた別の物へ、そしてまた別の物へと目を見張りながら歩いていました。ものすごい力でそれら全てを自分の中へと取り込みながら！　その女の子は自分の小さな手をいっぱいに開いていました。彼女は全身で見ていました。そして二、三歩歩いたかと思うと、振り返り、わたしを見ました。そしてまた振り返ると、今度は木々を見ました。その子にとっては母親の後をついていくのは難しいことでした。

それからもう一つ。その道はどちらかといえば石ころの多い道でした。ですから時には石ころが彼女の行く先に転がっていることがありました。そんな時、彼女は石から少し距離を置いて、それからその石を飛び越えました。迂回するのではなくて、その上を超えて、また地面へと足を降ろしました。彼女が、自分が何の上を歩いているかに十分気がついているのだということが、その一歩一歩から分かりました。そうするように教わったのではありません。それは全て私たちにそなわる自然性の現れなのです。わたしはそれにすっかり魅了されてしまいました。彼女に学んだのです。私たちの内側には本質的な何かがあるようです。それは私たちが内側の何を養えばいいのか、またそれを養うとはどういうことなのかについて、私たちに教えてくれます――誰かに言葉で教わるよりももっとずっと多くのことを教えてくれるのです。ですから、私たちはその本質的な何かを信用しなければならないと思うのです。

自分と自分以外に開かれるとは——内側と外側

シャーロット　私たちはプラクティス[1]によってのみ明晰さを得ることができます。あなた自身がそれを実践しないかぎり、誰かからそれがどういうことかを教わることはできません。何かを少し感じるようになり始めるにつれ、やがてはそのプラクティスについて語れるようになるでしょう。けれども私たちは、いつでも自分中心に話したり考えたりすることに多くの時間を無駄に費やしています。残念なことですが、私たちはあまりにも自分のことだけに頭がいっぱいになっているのです。そうではなく、あなたが大きな困難を抱えている時には、その困難が語る言葉に耳を傾けてください。そしてその困難が望んでいる変化を受け入れてください。そうすれば困難は軽減されるでしょう。さもなければ、私たちはいつまでも自らにとらわれてさまようばかりです。私たちに必要なのは、それらの困難さに自分を開くことなのです。

今日は昨日の実験の反応についてさまざまなことを聞かせてもらってきました。さて今、まずお伺いしたいのは、あなたは経験について話しているのか、それともあなたの経験が自然とあなたの口をついて出てきているか、ということです。話をするというのはどういうことで、経験が言葉になって口から出てくるというのはどういうことでしょうか？　そしてまた、あなたはまるで死んだ人に語りかけでもするみたいにただ一方的にダラダラと話をしていますか？　それとも生きた人間を前に話をしていますか？　また聞く時にも、誰かの話をふるいにかけて一部だけ聞くという聞き方もあれば、全身全霊をかたむけて聞くという姿勢もあります。昨日参加していた人たちは、そこで語られたことにとてもこころを動かされたことと思います。それは生きた言葉が、生きているあなたたちに向かって語られたからです。あなたたちは、語り手の一人ひとりが話しているまさにその瞬間に彼らに起こっている出来事を、自分たちの内側でも経験しました。それは、この世で最も尊いことなのです。

このワークは、自分に起こっている物事、自分の内側だけと取り組むものだと思われるかもしれません。あなたたちは内側で沸き上がる興奮にすっかり夢中になり、自分自身の内側だけに完全にとどまることもできるでしょう。「しっくりくるように座っているかしら？」「頭は自由になっているだろうか？」「首は十分に柔軟かな？」というように。けれども、それは自己中心的な経験であって、物事に向き合う真の姿勢ではありません。そのことに十分に気をつけてください。誰かが話している時は、その人とともに生きるのです。可能ならその人の肌の下にそっとしのび込んで、あたかも自分でその人の経験を生きるかのように向き合うのです。これが自分を開く方法、自分を活かす姿勢なのです。

その人の中に起きる全ての小さな変化が、あなたを魅了することでしょう。それどころか他者の中に起こったその変化を、自分の中にも感じるはずです。さもなくば、私たちはただ自分に関することだけを気にかけ、自己陶酔に陥る危機にさらされます。この危機を感じている人は？　どうかそれには十分気をつけてくださいね。

とても興味深いのは、わたしはここにこうして座ってあなたたちを見ながらも、自分自身を感じています。あなたたちもまた、わたしを感じているでしょう。いえ、わたしだけでなく、ここにいる全員の存在を感じていることだと思います。では、あなたたちにうかがいます。あなたが言葉を発するとき、あなたはここにいる全ての人をそこに含めていますか？　ここにいる三〇人の人たちが、あなたの話に耳を傾けており、そこには耳の悪いシャーロットも含まれている。人間独特のこんな状況を、あなたは自覚しているでしょうか？　私たちはどのようにこの状況と向き合っていますか？　以前にわたしとワークしていた生徒から手紙をもらったことがあります。そこには彼女が夫と離婚したこととともに、こんなことが書かれていました。「彼とはもう一緒に暮らせなくなりました。彼は人生というものの流れに従おうとしないのですから」。人生の流れ、そう彼女は言いました。彼女はそれが欲しかったのです！

人生に決まった流れ方などありません。分かるでしょう？　けれども人生とは思い通りにはならないものだということを受け入れられた瞬間、わたしは少しずつ、ほんの少しですが、自分の人生の流れのありのままの様子を知る可能性を手にしたのです。この事実を受け入れることで、わたしをとりまくさまざまな状況はおそらく変化するでしょう。なぜなら「生きている」ということは、そこに反応性がそなわっているということだからです。わたしが外の世界や他人をどう感じているかということは、外の世界や他人にも影響を及ぼしています。私たち一人ひとりが、他者の経験の語りによってより豊かになっていきます。そしてそれは、他者の語りをあなたがどう受け入れるかによっています。他者の経験を受け入れるとは、自分を失ってしまうということではありません。そうではなく、あなたは自分のもてる能力の全てを使っているということ、あなたという人間の全てを使っているということなのです。私たちはこのようにして他者の語りからも豊かになります。つまり、世界と出会うという意味において、私たちには想像以上にもっとずっと豊かな可能性が与えられているのです。

わたしが日本にいた時、一人の少女に出会いました。彼女はこれまで数年間をアメリカの僧院で、それから二年間を日本の僧院で過ごしていたそうです。とても美しい少女でした。彼女は両目を閉じたままずっと座り続けていました。彼女は自分の内側にある音楽を聴いているのだと言いました。私と彼女は電車に乗って素晴らしく面白い景色の中を旅していました。けれども彼女は何も見ないのです。わたしは彼女にたずねました。今、世界で起こっているたくさんの悲しい出来事、それを彼女はどう感じているのかと。もしかしたら、それらに対して何か行動したことがあるのかと。彼女は言いました。「誰かに対して何かできるようになる前に、まずは自分自身についてもっと発見しなければならないのです」と。想像してみてください！ 九年もの間、両目をずっと閉ざしたままこの世界を通り過ぎ、今もなお自分自身を発見しようとし続ける彼女のことを！

感覚に鋭敏になるということは、自分の内側に鋭敏になるだけではありません。自分の外側で起こっていることにも鋭敏になるということです。もし私たちが十分に鋭敏ならば、ただ自分の背骨の動きに鋭敏なだけではすみません。私たちは自分の外側の出来事にも同様に鋭敏であり、それに応答して内側も動くのです。そうやって自分に感じ取られたものに対して、私たちは応答するのです。他の人がどうであるかは別の問題です。何を感じとるかは、あなた自身に与えられた機会なのです。

生徒某 家事をしている時は、自分の全てを使っているとか、自分のもてるものを全て出し切っているようには感じないのです。家事はどうしてもやらなければならないことです。でも、自分にとって本当に興味を抱かせるもの、それによって自分が生きていると感じられるようなものは、家事以外の何かなのだろうと感じます。

シャーロット　ああ、エルザ・ギンドラーがわたしの友人と話していた会話を思い出しました。彼女自身もこのワークのリーダー[2]の一人です。彼女には夫と二人の息子がいます。つまり家庭内に男性が三人いるわけです。ですから彼女は家事一切はもちろんのこと、時間があればいつも靴下や下着を繕わなければなりませんでした。ある日彼女は、自分が繕い物をする時はラジオをつけて素敵な音楽を聞くのだという話をしました。そうすると繕い物も二倍はかどるのだと。エルザ・ギンドラーは彼女の話をさえぎるとこう言いました。「何ですって？」その後の二時間、エルザ・ギンドラーは、そこには何かが欠けていること、彼女は実際には繕い物という行為に自分を明け渡していないのだということ、繕い物という行為が自分を開く可能性を奪ってしまっているのだということを彼女に理解させようとしました。

　みなさんには分かるでしょうか。私たちが経験に自分を投げ入れないなら、何事も起こりえないのです。私たちの中に抵抗がある限り、**今の瞬間に起こっている出来事**はその全容を現さないのです。ところが自分の中にある抵抗はほとんど意識化されることはありません。だからこそ感じるということがとても大事なのです。自分が置かれている状況をよりはっきりと感じてはじめて、その状況があなたにもたらしてくれるものを受け取ることができるのですから。ですから、たとえば先ほどあなたが話していた家事の状況においてなら、あなたがその時に、自分自身を本当に感じるならば、それがことができるはずです。おそらく家事に全てを傾けることが、あなたにもたらしてくれるものを受け取ることからあなた自身を妨げているものがあなたの中にあるのでしょう。それは今抱えているモヤモヤした思いかもしれないし、過去の出来事の何かを引きずっているのかもしれません。あるいは未来についての不安や心配かもしれません。今の瞬間のあなたを感じれば、それがいったい何なのかが感じられるでしょう。

私たちは、物事を無理やり自分にぴったり合うように作り替えることはできません。無理にでもそうしようとすれば、それはいつでも間違った方向へと進んでいくでしょう。じゃがいもの皮をむいている瞬間、全てはその「じゃがいもをむく」という行為とあなたとの関わり合いの中にあります。自分が今やっていることが、あなたにより強く深くそれ自身との関わりを求めさせ、それに対してあなたをより愛情深く、より鋭敏にさせるのです。そうして、今やっていることとあなたとの間に、これまでとは違う種類のつながりが生まれてくるのです。誰もそのやり方をあなたに教えることはできません。普段の自分の物事に対する関わり方があまりにも浅薄で、自分がそれにはもう耐えられないのだということを気づかせてくれるのは、あなたが今まさにやっているその作業に他なりません。自分の内側はこれまでとは違う関わり方を求めているのだということに気がつかせてくれるのも、あなたが今やっているその仕事です。物事とのこれまでとは異なる関わり方を希求する思いは、内側から自然に発生するものです。あなたがやっているその作業こそが、あなたに本当の関わり方を求めさせるのだということです。

他者と関わる

シャーロット　二年前タサハラのワークで出会った男性は、五六歳ぐらいだったでしょうか、対人職関係の専門家で、その分野ではかなりの成功を収めていた人でした。その時、私たちはボールを使ったワークをしていました。各自一つずつボールを手にもち、その存在が自分たちにあたえる影響を十分に感じ取っていました。そしてしばらくすると、それぞれのボールを他の誰かに渡しました。彼もそうして誰かにボールを渡し、空手でしばらく歩いていると、他の誰かがまた彼にボールを渡しました。そうこうするうちに突然、その男性はワッと泣き出し、後から後からと溢れ出る涙を抑えることができなくなったのです。彼は隅に行き、そのまま泣き続けました。その時わたしは何も言いませんでした。

ところがちょうど先週、わたし宛に彼からの手紙が届いたのです。それにはこう書かれていました。「ボールを渡し、ボールを受け取った時、自分がこれまで誰にも何も渡さず、また受け取りもせずに生きていたことに気がついたのです」。……お分かりのように、私たちはいつ何が起こるかを決して事前に知ることはできません。けれども何かが起こったその瞬間、私たちには二つの選択肢がありま す。一つはこれまで通りを続けること。もう一つはこれまでとは違う生き方を選ぶこと。ある人たちは何事もなかったかのように取り繕うことがとても上手です――上手すぎるほどです。けれども彼の場合は、その瞬間から、人びとに対する関わり方が全く違うものとなりました。彼は自分の愛する人からボールを受け取ったのでもなければ、愛する人にボールを渡したのでもありません。それでもなお、その出来事の衝撃は計り知れないほど大きかったのです。そういう瞬間は、本当にとても、とても充実しています——そこには私たちの可能性が満ち満ちているからです。

それは、何かに近づいていくこと、誰かに近づいていくこととは何か、という問いかけに他なりません。他者と何かを分かち合うとはどういうことなのでしょうか。キャッチボールの最中、あなたに向かって投げられたボールをつかみ取った時のことを覚えていますか？ そしてまた、そのボールをしっかりと受け止めた時のことも覚えているでしょうか？ この二つには違いがあります。そして同様の違いが、あなたの他者に対する態度の中にもあるのです。あなたは誰かに出会って、視線や言葉や行動でもってその人をつかみ取ることもできますし、あるいはその人と何かを分かち合うこともできます。私たちが何をどうするかという能動性においてだけではなくて、私たちが何をどう受け取るかという受動性の中にも、それを全身全霊で生きることの大切さがあるというのは、とても大事なことなのです。

今、ペアでワークをしているとしましょう。一方がもう片方の人の肩に手を置きます。つまり手を置く方の人は能動的です。そしてこの能動性を維持したまま、彼は自分の全てを投げ入れて今の経験を生きることができます。あるいは、窓の外を見ながら天気のことを考えたり、もうすぐやってくるランチタイムのことを考えたり、パートナー以外の人を見つめたり、指示通りには動くけれども、「与える」ということを完全に経験してはいないということもあるかもしれません。彼がそこに本当には存在していないことを彼のパートナーは感じ、それによって苦しみます。彼のその不在ゆえに、彼のパートナーは、そのタッチがもたらす変化、つまり自分をもっと開いていく可能性を受け取ることができません。こうしたことは全て、あなたがより目覚めていくにつれて、さらにはっきりと意識されてくるでしょう。

ここで大切なのは、ただ態度を変化させるということが、実は大きな変化を生み出しうるということです。あなたの内側との関わりが外側との関わりを大きく変化させるのです。誰かと一緒にいることを十分に感じ取っている時、すなわちそれが能動あるいは受動のどちらであっても、頭であれこれ考えたり自分を客観的に観察したりせずに他者とともにいるなら、一瞬一瞬に起こっている出来事をもっと深く生きる可能性をあなたは手にしているのです。たとえば、さっきまでワークをしていて誰かに触れられていたとしましょう。さてセッションが終わり、ばったりとクラスの一人と他の場所で出会ったとします。その時、あなたの内側にあった（内側と外側に対する）鋭敏さはまだそこにあり続けているでしょうか？　それともこれまでと同様「何とも深く関わり合わない」状態に、また戻ってしまっているでしょうか？　その違いに気づくようにと、エルザ・ギンドラーは教えてくれました。

誰かに対して応じるということは、ただその手を握ったり、頭を触ったりすることだけではありません。それはその人と出会うことであり、向き合うことであり、その場において重大な意味を帯びて現れてきたものや問題にともに取り組むことなのです。その他者に、あるいはその状況に、ハンドリング（handling: 手で触れる）する方法なのです。ハンドリング……何と美しい言葉でしょうか……これは、文字通り物事に手で触れるということ。あなたが人に話しかける時、人の話に耳を傾ける時、他者とともにある時、それら全ての瞬間に直に触れるということです。

昨日はお互いに知らない人同士でワークをしました。これは私たちがともに過ごす時間の素晴らしいところです。うまくすれば、誰が誰を選ぶということもなく、それぞれがその時に出会った人とワークをすることになります。それと同じことを、私たちはそれぞれの生活の中でも、初めての人と出会った時にすることができます。たいていの場合、私たちは相手を見て、その人をさまざまな方法で推し量ります。彼の社会的地位はどんなものだろう？　彼女の見かけはわたしの好みだろうか？　彼の身のこなしはどうだろう？　彼女はどんなふうにわたしに近づいてくるだろう？　など。それらに従って、私たちは反応します。最初から好感をもてる人もいれば、嫌悪感を抱かせる人もいます。多くの人たちが習慣的に、自分にとって相手が「一緒に何かに取り組みたい人」か「取り組みたくない人」かのグループ分けをしています。

こうした瞬間に、あなたがより愛情豊かで鋭敏であるならば、このような習慣をゆっくりと手放すことができます。あなたが出会う誰もが一人の完全な人間であり、誰もがあなたに差し出す何かをもっており、また同時にあなたからも何かを受け取っているのです。そのことに気がつけば、あなたはこれまでの習慣を変えずにはいられなくなるでしょう。ある意味、わたしを仏教へと近づけさせたのはこの気づきだと言えるでしょう。なぜなら仏教では「仏は全ての人に宿っている」と言いますから。

ここで行っているシンプルな実験を通して、あなたはより辛抱強く、より鋭敏で、即時的な成功を求めず、この人はこうあるべきだとすぐに決めつけたり、人を型にはめこもうとしない態度を養っていくことができるかもしれません。もしかしたら、最初は互いにそれほど好きでもなかった人たちとの間に、びっくりするようなことが起こるかもしれません。あなたがしっかりと静けさを保ち、選択（排他）的な姿勢を手放し、一人の人間同士として他者と一対一で正面から向き合うことができれば、相手の人生についてずっと多くのことが理解できるだろうと思います。怒りや失望や不満でいっぱいになりながら、あなたの人生に関わってくる人たちもいるでしょう。あなたが彼らに近づこうとしても、彼らはあなたを拒絶するかもしれません。このような場合、最初の出会いの状況と彼らとの関係を豊かなものに変化させるには、多大な辛抱強さと好意と意欲――言うなれば、愛が必要です。

たとえばわたしはニューヨークのニュースクールという所で、誰でもが参加できるクラスを受け持っています。そこに来る人びとはたいていは疑いに満ちています。彼らについてそれ以外のことは何も分かりません。ある時、そのクラスにある男性がやってきました。今もよく覚えているのですが、非常に頭の良い男性で、始終部屋の片隅に引きこもって座ったまま、私たちのやるどんな小さなことにも敵対心をあらわにしてきました。彼はまた、誰が何を言っても即座にはねつけました。このクラスではシンプルなワークを何度も、何度もやっていました。そのうちに彼は少しずつ自分を開いていきました。そしてしまいには、私たちと[3]一緒にモンヒーガンやメキシコにまで行くほどになっていました。彼は生徒の一人であった素敵な若い女性と出会い、後に結婚し、今や二人でこのワークを他の人たちに提供するようになっています。

この男性は驚くほどの変容を経験したのです。彼は最初、疑いと恨みつらみを抱え込んでクラスにやって来ました。もし彼が（ここではなく）エンカウンターグループ[4]に行っていたら、きっと叫びまわっていたことでしょう。けれども私たちは彼に叫ぶようにはすすめませんでした。そうではなく、私たちは彼に実験の機会を与えたのです。現在の彼は大きな包容力をそなえた愛すべき人物です。ポトポトとしずくが鍾乳石を養うように、彼の内側において、十分に感じること、より繊細な感性、より開かれた態度が少しずつ養われていきました。もてる全てをワークに注ぎ続けた彼が、その後どれほどの変化をとげたか、今でも信じられないくらいです。

個人的には、私たちがやっていることをみなが信じるべきだとは思いません。逆に、疑えば疑うほどこのワークの中にある真実が見えてくることでしょう。誰もが混じり気のない実験と経験を通して、何が少しずつ明らかになってくるのかを学ぶだろうと思います。

あなたたちは、毎日の生活の中でいつでもこのワークをすることができるのです。私たちの生活の中には、自分がやっていることにより開かれていく可能性、より生き生きと反応する可能性が満ちています。自分が出会う物事や、それらに対する**イエス**や**ノー**をはっきりと感じ取る可能性もそこにあります。「ノー」や「たぶん」も自由に表現することができます。「イエス」は、社会的な期待に沿うことからではなく、自分の内側、何と呼んだらいいのでしょう——内側の感知器というか方向指示器のようなもの、あるいはあなたの中にいる仏、あなたの自然性の声に従って現れ出ることができます。そこからの声は、あなたの内側の本当に深い部分で感じているのが〝それ（it）〟であるかどうかをはっきりと告げてくれます。一瞬一瞬の状況があなたに差し出しているものに、あなたがどう応答したいのかを示してくれるのです。

生きているということ

シャーロット　実際のところ私たちの行為は、それがどんなものであっても同じなのです。それに私たちがどう関わり合うかに違いがあるのです。道路を歩き、歩道に足を踏み入れ、車道に下りて今度は道を横切ります。日向を通り、日陰を通ります。私たちは変わり続ける状況とこうしてつねにコミュニケーションを取っています。一歩から一歩への、呼吸から呼吸への、道から道への、仕事から仕事への、楽しみから哀しみへの、あるいはそれが何であっても、全ての瞬間を、私たちは生きているのです。そこには他者と、状況と、仕事と、私たちの行く手にある全てのものと、関わり合う機会があるのです。わたしが「どんなものでも同じ」と言うのは、そういう意味です。

あなたが十分に、そして徹頭徹尾たった一つの物事に取り組めば、鈍感であることと鋭敏になっていくこととの違いが分かるでしょう。それは物事や他者との関わり合いを自分に許すか、あるいはそれらを退けるかの違いであり、また自分を押さえ込んでしまうか、明け渡していくかの違いです。全ての活動、他者、状況、感情、考えが、どのようにもなりうる可能性を宿してあなたに差し出されています。ですから、どこで、どのような経緯であなたがある物事を経験することになったのかは、とりたてて大きなことではありません。ここでこうして私たちがやっているのと同じことを、これからあなたが行う全ての行為においてもすることができるからです。こころ、目、感覚、繊細さ、私たちの誰もが普段はかえりみることのない直感、それら全てを開くのです。それらが開かれれば開かれていくほど、全てが同じであること、全ては「生きる」ということなのだということが十分に実感され始めるでしょう。

禅にこのような言葉があります。「座れる人は何でもできる」。これは「立てる人は何でもできる」や「歩ける人は何でもできる」とも言えるでしょう。あなたの生活の中のあらゆる瞬間がその「何でものうちの一つ」で満ちています。あなたはその「何か」を鋭敏に、生き生きとした反応性をもって生きることができます。例えば、食後の皿洗いを嫌がる人もいますが、それだって最大級の経験になりえます。目の前の汚れたお皿が「きれいにしてよ！　きれいになりたい！」とあなたにお願いしているのを見るのはとても素敵じゃないですか。そしてあなたは蛇口をひねる。すると暖かいお湯が流れ出て、あなたは自分の手の上にお湯を流し、それを全身で感じとる。あなたは一枚目のお皿を手に取ると、それを少し温めてから石鹸水を表面に流し、それがきれいになったことを感じる。それからその皿を少し持ち上げて水を切り、水の粒が落ちていくのを見る。そしてあなたは乾いた布を手に取ってお皿を拭くと、それがピカピカになっているのが見える。これは陶器、いや磁器だろうか？　表面は滑らかだろうか、それとも粗いだろうか？　それからあなたは棚に皿を片付けます。あなたはその動きの一つ一つを生きていて、自分の周りの空間や、空気、そして皿の重さを感じています。あぁ、なんて果てしないドラマ！　ワクワクするでしょう？

どんな物事であっても、それがもつ可能性を開いていくチャンスをあなたが与えるなら、そのどれもが素晴らしいものなのだということに気がつくでしょう。たとえば、タイプライターで文字を打つ時の可能性とは何でしょう。あなたは肩を強張らせ、両腕を固め、胸の後ろを椅子に押し付け、脚を締めつけてタイプライターの前に座り、タイピングをすることもできます。あるいは、伸び伸びと椅子に腰掛けながら、自由にキーの上を動くこともできます。あなたの内側の全てを、まるでダンスをする時のように、タイプライターを打つという動きに対して開いてもいけるのです。本当に、それはダンスなのです。あなたの行く手にある全ての物事は、他者や物事、あるいは自分自身との関わり合いです。それに関わっていくこともできれば、また拒絶することもできます。けれども、もしそれらとの関わりを受け入れるならば、「生きる」ということの中に、それまでとは全く異なる可能性が生まれてくるのです。

ここ数日の間、私たちがしていることは、無数の選択肢の中のたった一握りのワークにすぎません。そのことをみなさんに分かっておいてもらいたいのです。あなたが毎日、毎晩やっている行為もまた、それぞれがあなたに多くを差し出しています。あなたがそれを当たり前のこととして受け止めたり、「あぁ、これはもう知っているから」などと言わず、それらが差し出すものが現れてくるのを許しさえすれば、あなたはそれを受け取ることができるのです。朝ご飯を口にする前から「あぁ、それがどんな味かもう分かっている」と言う人はいますか？　本当は、そのつど新たに味を感じない限り、誰もそれがどんな味なのかあらかじめ知ることなどできません。新たに手を使い、新たに嗅覚を使う。全てを新たに、生きた状態で使うことで、私たちはその一瞬一瞬において、完全にユニークで新しい関わり方を取り結ぶチャンスを得ることができるのです。そうすれば全ては違って見えるはずです。

これこそが（時間的・空間的・経験的）直接性の素晴らしさなのです。私たちがこの直接性を受け入れるならば、私たちはどんな時でも準備万端整った状態になります。物事と本当の関わり方を結べるなら、わたしにとってはハイになることなどたやすいことです。ですから、あなたたちも今後一〇年間、ぜひこんなふうに生きてみることを提案します。その後で、それがどんな感じか手紙で知らせて下さい！

そうするには当然のことながら、愛、興味、好奇心が必要です。私たちは自分にそなわるこれらの装備を研ぎすまさなければなりません。それらはもともと眠らせておくようなものではなくて、自らの人生を通してつねに鍛えていくようにと、私たちが生まれた時に授かったものなのですから。さあ、ではみなさんにこの言葉を贈りましょう。

「みなさんは毎日の生活の中で自分をすっかり消耗させることもできます。座ること、立つこと、横になること、働くこと、話すこと、どんなことにおいても自分自身の本来性に逆らうこともいつだってできるでしょう。声を押し殺すこともできますし、逆に声をあげることもできます。足の裏が平たくなるまで足を床に打ちつけることもできれば、いつでも軽やかに跳ねられるように床にそっと触れるようにして立つこともできますし、立ち上がって背中に痛みを作り出すこともできます。立ち上がることから素晴らしい活力を感じとることもできます。エルザ・ギンドラーが言っていました。『山に登って心臓を痛めてしまった人が、山に登ることでその心臓が癒えることもありうる。全てはどのように登るか次第なのよ』と。そう、私たちは生きるなかで、生きることによって、自らの装備を鍛え抜いていくことができるのです——どんな瞬間にも!! けれどもまた、自分を消耗していくことだってありうる。全ては、私たちがそれをどうやるか次第なのです」

生命があなたを生きられるよう

シャーロット　さあ、これはわたしからみなさんへのお誘いです。

このクラスが終わり日常の生活を送る時にも、その一瞬一瞬に目覚めていてください。キッチンにいる時も、野辺にある時も、仕事場でも。大きな力を必要とする時にも、器用さが要求されるような時でも。自分の内側の声にどれくらい従うことができるのか、取り組んでいる仕事にもっと深く、もっと自由に関わるにはどうすればいいのかを見つけ出してください。

こうしたことに興味をもてばもつほど、つまり自分がやっていることにより鋭敏に、より柔軟になればなるほど、これがどれほど楽しいことかが分かってくるでしょう。それは気持ちのよいものです。なぜなら、それこそが有機的生命ののぞむあり方であり、あなたはそのように生きるように創られているのですから。言い換えれば、あなたは自分自身の生命へと仕えるのです――もしあなたがそうしたいのなら。それは義務的な仕事などではありません。あなたを生きる生命の、そこに宿る創造力を開化させるのです。

私たちの旅も、そろそろ終わりの時がきたようです。けれどもどうか気づいていてください、私たちがやってきたワークは、これまでもいつも私たちが日常生活でやってきたことばかりだったのだと。特別なことなど何もありませんでした。違いはただ、いつもは当たり前だと思って関心を払わないでいることを当たり前にしなかっただけ。分かりますね。私たちはあるがままの今の経験にほんの少し近づいたのです。経験があなたに差し出すものを、ほんの少し受け取ったのです。

ではわたしからみなさんへ、最後のお話をしましょう。

あなたたちはどんな時でも、絶えず、何かしらの活動をしています。食べる時は食べ物を持ち上げて口に運び、その手を下ろします。髪を梳かし、歯を磨きます。日常の生活にある全ての行為が、自分を鍛えるための機会です。あなたたちはどんな時に、自分が物事や他者と深く自由につながっているのか、あるいは自分で自分を締め付けて何かを無理強いしているのかに、もっと気がつくようになれるはずです。

こんなふうに意識を拡げていくのは好きですか？　言っておきますが、それは本当に世話のやける支配者のようなものですよ。「こんな感じかしら」なんて想像できるほどなまやさしいものではありません。多くの人が「意識の拡大」とはなんて素敵なことだろうと思いますが、いざそれに取り組むという段になると事は全然違ってくるのです。今、あなたたちはそのほんの一部分をつかみ取りました。さあ、あなたに虫は噛み付きましたか？　もしあなたを噛んだその虫が、これからもまだあなたを噛み続けているのを感じられたら、「ああああ！　自分はまだ旅を続けているんだ！」と思ってください。もちろんあなたは虫から隠れることもできれば、走って逃げることもできます。何だってできるでしょう。

でも虫はあなたを噛み続けます。なぜなら、そうやって私たちは成長するのですから。

1 practiceはしばしば訓練・修行・稽古・学習として訳される。しかしセンサリーアウェアネスは、決まった「型」としての訓練や稽古を自己の気づきのない状態で行ったり、教師から生徒へ一方的に教育を授けるという方法を否定する。上記の単語が暗に意味しうるこうしたニュアンスを避けるため、ここではあえて原文のままプラクティスを用いた。

2 原文はteacher。ただし現在のセンサリーアウェアネスにおいては、何かを教えると言う意味での「教師」という言葉は使用せず、代わりに案内役の意味で「リーダー」という言葉を使っている。そのため訳もリーダーとした。

3 シャーロットとチャールズ。

4 《心理学用語》エンカウンターグループ・集団感受性訓練グループ。

訳注1 ここでシャーロットが意図しているのは「繰り返し」としての経験ではない生き方のこと。すなわち「常」の無い状態。非-常事態。

クラス・セッション

ここにおさめられた三編のセッションはいずれもセンサリーアウェアネスの基本を取り扱ったものです。これらのセッションは、私たちの内側そして外側の自然に宿る「二つの力」に、私たちが気づき、受け入れていくというテーマをもっています。その「二つの力」とは、(1)呼吸、(2)地球の引力と私たちの相互作用です。ワークの部分はゴシック体で書かれています。[……]は無言でワークが行われた部分であり、その長さは箇所によってさまざまです。

呼吸を生きる実験

（一般向けワークショップ）
一九六一年八月一三日（日）午後
ロサンゼルスでの第3セッションより

シャーロット　これまでのいくつかのセッションで、私たちがここで何をやっているのかがみなさんにとって多少ははっきりしてきていることを願います。ではここで、呼吸についてのちょっとした手がかりをみなさんに差し上げましょう。私たちの呼吸のワークは、みなさん一人ひとりにとって完全に自発的で自然なものです。私たちは決してみなさんに呼吸の仕方を教えたりはしません。実際、まず始めに私たちがするのは（そしてこれには通常かなりの時間がかかるのですが）、自らの呼吸に影響を与えずに、自分の呼吸を感じられるかどうかを見つけ出すことです。より良い呼吸をしようなどとして、呼吸を操作せずにいられるかどうかです。いつもはほとんど意識しない呼吸という機能に意識を向けるのは、非常に難しいのです。

おそらくみなさんは、目覚めてすぐの時や、病気で臥せっている時、あるいは休暇中や、安らいでいる時などに、突然呼吸が意識に上ってくるのを経験したことがあると思います。そうした時はおそらく、呼吸が自然に起こるのにまかせ、それをあるがままにしておくことができていたと思います。なぜならそれは、そうした時にはあなたが十分に安らいでいたり、不安から解消されていたり、あるいはいかなる条件付けからも解放されていたからです。けれどもほとんどの人たちが、とりわけ教育的なクラスにおいては（みなさんがわたしのことを教育者とは呼ばないことを願いますが！）、いざ呼吸を扱うとなると、あたかもそれが義務的な作業のように感じてしまいます。けれども私たちのこのワークにおいては、いかなる意味においても「義務的な作業」などないということを、みなさんにはっきりと言っておきます。

あるがままの呼吸に気づくためには、十分な安らぎと、何かを追い求めようとしない姿勢が必要ですが、そうしたことがどれほど難しいかはわたしも分かっています。呼吸に影響を与えず、ただそれが起こるにまかせ、起こらないものは起こらないのだと受け入れることは、本当にとても難しいのです。ですから、呼吸への取り組みの最初は、完全な「さりげなさ」を身につけることだと言えるでしょう。呼吸を見つめてそれに「何をしているの？」とたずねたりしないこと。深い呼吸、あるいは規則的な呼吸を要求しないこと。「何もしないこと」を身につけることから始めるのです。

ちょっと振り返って、風が木の葉や木々にどんなふうに影響を与えているか見てみてください。見えますか？　その様子はそれぞれに全く違っています。しばらくすると——たとえば今、見てみると——それがさっきとはまた全然違っていることに気がつくでしょう。その動きはさっきよりずっと大きいかもしれませんし、少しだけ大きいのかもしれませんし、少し小さいのかもしれません。同じように、自律的で自発的な私たちの呼吸もつねに変化しています。それは変幻自在なのです。呼吸も天気と同じくらい変化しうるのです。それらの本質や強みはその可変性にあります。だから走る時には、今とはまったく違う呼吸が可能なのです。階段を上るとき、荷物を運ぶ時、眠っている時、横になって安らいでいる時——こうした全ての時において、呼吸は異なっています。ですからどうぞ〝正しい呼吸〟などというものがあると思わないでください。

では椅子に深くもたれて座ってください。十分楽に腰をかけ、そして目を閉じてください。すぐに呼吸に飛びつかないで。しばらくすると、何かがあなたの内側で意識され始めてくることでしょう……大切なのは、我慢強くあること、自分の内側に敬意をもつこと、そして内側の動きを意志によって遮ったりしないこと……。

心臓の鼓動と同じように、呼吸もまた、それがのぞむように活動させてください。もし呼吸が動きを止めれば、呼吸は止まります。呼吸が再び動き始めたら、また呼吸が始まります。ため息が生まれればため息をつき、呼吸のスピードが早まれば、それが早まるがままにしてください。大きなあくびが込み上げてきたら、それも許して。どんなことでも……呼吸を観察しようとか監視しようとせず、ただそれをあるがままに感じるのです。そうして、自分の中のこの素敵な活動に関わり続けながら、背もたれから背を離していきましょう。そして、ゆっくりと、椅子の端に腰を掛けていきます。呼吸の邪魔をすることなく……。

自分の呼吸のリズムを感じてください。何かが起これば、そこには必ず変化が生まれます。有機的生命の内側は、今まさに起こっている出来事に対して、どの程度まで鋭敏でいられるでしょうか？あなたの全身のどこかに、呼吸がもたらす影響を感じますか？　呼吸があなたの中を通り抜けていく時、内側のどこが、それによって動かされますか？　あなたは内側の変化にすでに気づいていますか？……。

それではゆっくりと、とてもゆっくりと、両手を胸の部分に当ててみてください。とても優しく。そしてあなたの両手の下で何が起こるのか、ただ感じてください……指先だけでなく、手全体で優しく触れていますか？　その下で起こっている出来事をただ感じて……それが感じられたら、その部分以外の場所でも、呼吸が感じられるかどうか見つけ出してみてください。手は胸に当てたままで……。

ではとてもゆっくりと、とても優しく、手を離していきます……そのプロセスを邪魔しないように……そして今、それがどんなふうに感じられているのかを感じてください……ただそこに「いる」ということができますか？　あなたが呼吸を〝する〟のではなくて、呼吸があなたを生きられるように、ただそこに「いる」ことができるでしょうか？……。

では、また同じ場所に手を当てていきましょう。できる限り十分に、できる限りしっかりとそこに触れてください。一本一本の指が、手のひらが、それぞれに感覚を感じ取っています。このタッチが呼吸にどんな影響を与えているのか感じてみてください……ではまた手を離して……とてもゆっくりと……何が起こっているのかを感じ続けながら……。

それでは立ち上がってもらえますか？　でも、今のプロセスを妨げないで。そして今度は横隔膜のあたりを両手で触れてみてください……呼吸がのぞむ変化はどんなものでも妨げないように……ではまた、とてもゆっくりと、そこから手を離していってください。タッチのない今、あなたはどんな感じですか？　音が自然と口をついて出てくるなら、それも大歓迎です……。

では、また両手で横隔膜のあたりに触れてみてください……おへそではなく、腹部でもなく、ちょうど横隔膜のところを。手はそこに置いたまま、どこに呼吸が感じられるか、あなたの全身を感じてください……。

そこから腹部の全体に触れていきましょう。自分を開いて。それぞれの指が、それぞれに独立した感覚器官です。手を自由に使ってください。両手をカップのように閉じてしまわないで、両手を十分に解放してください。腹部の右側、左側に置いたそれぞれの手が、呼吸を感じられるように……では手をとてもゆっくりと離していきましょう……今、あなたは呼吸をどんなふうに感じていますか……。

では最後に、両手を頭の上に置いてみましょう。頭の上に、両手を優しくくつろがせてください。そしてこれがあなたの呼吸にどんな影響を与えるのかを感じてください……ではじっくりと時間をかけて腕を降ろしていきましょう。腕を降ろしていきながら、呼吸に何が起こっているのかを感じ続けて……手を背中の方へやってみてください。そうすると腕をぶら下げたまま、両手を握り合わせることができますね。これは呼吸にどんな影響を与えていますか?……呼吸を監視しないでいることができますか? 頭で呼吸を考えようとしないでいることができますか?? 頭のてっぺんから足の先まで、からだの全てを鋭敏にし、今起こっている出来事に対して自分を開くことができるでしょうか? ……今の経験から距離をとってそれを観察しようなどとせず、起こっている出来事に自分をただ開くのです……ではゆっくりと手をほどき、腕がからだの横にぶら下がれるようにしてください。あなたは今この瞬間をどのように生きていますか……。

これまでよりも、自らの呼吸ともっとしっかりとつながっている人?……さあ、これが自由への最初の一歩です。今はこれで十分でしょう。どうもありがとう。

セッション終了

クラス・セッションB

引力に自分をゆだねる——全ての生命あるものにそなわる上下の流れ

（SAワークの経験者を対象にしたワークショップから）
一九八〇年八月七日（木）午前
モンヒーガン島、グループⅢ、セッション5

シャーロット　ほとんどの人にとって、生きるということは無意識の行動で満たされています。けれどもなにかの拍子に、それが意識されることがあります。それは素晴らしい瞬間です。これまで意識されていなかった行動に気づいた瞬間、自分を批判したり、自分がダメな人間だと感じたりするかもしれません。でもどうかそうはしないでください。それは自分が本物になりはじめた瞬間なのです。あなたがそれに気づいた時、こんな問いが立ち現れるのです。

「これに気づいたということは、単にそれだけのことなのだろうか？　それともこの気づきによってこれから先、何かが変わっていくのだろうか？」

わたしにとって本当に不思議なのは、私たちがこのような気づきを得た時、それは必ず私たちをそれまでとは異なる在り方へと導くということです。私たちは「今」という時間をもっと完全に生きるようになるのです。「今」をもっと深く生きようなどと努力をする必要はありません。なぜならこれまでの無意識に気づいた瞬間、その気づきはすでに私たちをそこへ導き始めているのですから。このことに気がついていた人はいますか？

今、わたしはJを抱きしめたいと思っているとしましょう。わたしは彼女を腕の中に抱き寄せます。でもしっかりと抱きしめてはいない。そこでわたしは「何だかしっくりこないわ！」と感じます。このままでJを抱きしめ続けようかしら？　それとも「本当に彼女に触れている！」と感じられるように、新しいやり方で彼女を抱きしめてみようかしら？　ここには素晴らしい可能性が示されているのです。生き物の驚くべき不思議さは、まさにここにあるとわたしは思います。その不思議さは、全ての生命あるものにそなわっています。たとえばこれらの花――それを顕微鏡で見てみれば、どんなに小さな部分にも、その花の「全体性」が完全な姿でそこに宿っているのが分かるでしょう。小さなつぼみの中にすら、その内側には他の部分と同じだけの強さとみずみずしさ、そして開花の可能性が宿っているのです。

これらの植物はそれぞれに大地に根を下ろしています。どれもが大地の磁力に従って下向きに伸びています。けれどもそれと同時に、光に添うようにして上向きにも伸びています。つまり全ての生命あるものの中には、この〝下向き〟の流れと〝上向き〟の流れがあるのです。このことが、生き物に「開かれた存在」として今を生きる可能性を与えているのです。それを自ら作り出そうと努力する必要はありません。この意味が分かりますか？　自然の力を自らのうちに受け入れるなら、「開かれた存在」

になろうとする努力など必要ないのです。

ではこれはどうでしょう。これは生き物ではありませんよね［シャーロットがマイクのコードをつかんでそれを持ち上げ、ぶらぶらさせる］。こういう状態を〝ぶら下がり〟といいます……そう、全てはぶら下がる。つまりそれ自身に意識があろうとなかろうと、全ては地球の引力、地球の磁力に従っています。だからコードがこんなふうに長く伸びる。ね？……磁力が引っぱり、コードはその長さの限りに伸び、ぶら下がる。

私たちのからだには、その隅々にまで広がる素晴らしい感覚神経がそなわっています。ですから私たちは、この引力を感じることができるかもしれません。けれども引力を感じられるのは、私たちが自分を上向きに引っ張り上げようとする努力をしない時だけです。この必死の努力が、地球の深い場所から私たちを引っ張っている磁力の誘いに対して、私たちを鈍感にしてしまうのです。たとえばわたしが腕を空中にあげて、何とか努力してその位置を保とうとしましょう。そうすると重力ではなく、わたしはただ腕の緊張だけを感じるのです。分かりますか？

それではみなさん、立ち上がってみましょう……この引力を感じるためには、私たちはどれほど鋭敏でなければならないでしょうか？……たとえば腕で感じるためには？……あなたの中を通り抜けていく下向きの引力を、できる限り単純明快に感じるためには、自分の今の立ち方をどんなふうに変化させなければならないかを感じてみてください……引力が床にストンと落ちていくためには、脚はどこにあるのがよいでしょう？……そして、この下向きの力をあるがままに経験するためには、私たちの内側の全てが、どれほど鋭敏である必要があるでしょう？　引力に抵抗せず……そうです。目を開けてください。

［シャーロットが脚を大きく開いて立ち、腕を大の字に外側に伸ばす］こうやって立つ時、わたしは下向きの力を感じられていると思いますか？……思わない？　ではみなさんも、こうやって立ってみてください……やり過ぎないで……こうやって立つと、筋肉に何がおこりますか？……筋肉が頑張っているように感じる人？　このようにして立つと、引力が自分の脚を通り抜けていくのではなくて、空中に拡散していくように感じる人？　筋肉がからだを引っ張り上げないでいられる立ち方、あなたに作用している下向きの力が妨げられることなくからだの中を流れていく立ち方、それはどのようなものですか。目を閉じて感じてみてください。

Ｊ、そこに横になって、あなたの脚を一本、わたしに差し出してもらえますか？［Ｊが横になり空中に脚をあげる。シャーロットはそれを受け取り、軽く叩く］今わたしはパートナーの脚を受け取り、彼女の緊張がすっかり抜け出ていくまでその脚を全ての方向から軽く叩きます。その後彼女は脚を下ろし、今度はもう片方の脚をあげて、わたしがそれを軽く叩きます。ではみなさんもパートナーと組んで、同じことをお互いにしてみてください……［スラッピングの音］……。

ちょっと割り込んでもいいかしら？　叩く役の人は、抱えている脚を自分にもたせかけてみてください。その方がもっと楽でしょうから。床に横になっている人は、自らの脚を完全に、そして十分に差し出してください。パートナーの腕の中で、病気のようにただぐったりさせておくのではなく。［再びスラッピングが始まる］（叩く役の人は）もうこれで十分だと感じたら、ゆっくりと脚を床に下ろしていってください。今まで与えられていた刺激がどんな影響を与えているのかを、横になっている人が引き続き感じられるように、静かに、そっと下ろしていってください……では、横になっている人たちは座ってください。そして今もなお自分の内側で続いているスラッピングからの影響を感じてみてください……スラッピングを受け取った脚と、もう一方の脚に違いはありますか？　それともありませんか？……スラッピングを受け取った脚の方が、もう一方よりも、ほんの少し聡明になっていると感じる人はいますか？　もう少し鋭敏になっている？

その鋭敏さを失わず、では今度は、もう一方の脚を差し出してください。パートナーが腰をかがめたり、ひざまずいたりしなくてすむように脚を上げてください。……［スラッピングが続く］どの角度からも！　裏側、前、横、内側、外側、どこもかしこも！……目覚めて！　目覚めて！……足を忘れないでくださいね。そこはとても大事です……太ももの後ろ側、ふくらはぎの後ろ側、どこもかしこも。息を吹きかえすために！　もっと感じるために！……では、ゆっくりと、スラッピングを止めていきましょう。けれどもすぐに次の動きに移らずに、そのまま少しの間じっとして、スラッピングの影響を十分に浸透させてください。

ではゆっくりと脚を下ろしていきましょう……とてもゆっくりと、とても優しく、下ろしていってください。生み出されるものも、通過していくものも、自由にそれを続けられるように……スラッピングを受け取っていた人たち、あなたたちはこれまでずっと何かを与えられていたことに気がついていますか？　あなたたちは今もまだそれを消化している最中でしょうか？……。

では今、目は閉じたままで立ち上がっていきましょう。そして、引力があなたを通り抜けていくのが十分に感じられる立ち方を見つけてください。できれば誰も下を見たり、しゃがみこんだり、どんな下向きの動作もせずに、ただ下向きの引力が鋭敏に感じられるような立ち方へと立ち上がっていってください……下向きの引力に気づくためには、感受性を相当に鋭敏にしなければならないと感じている人はいますか？　誰にとっても、それがすぐに感じられるというのではないかもしれません……もし引力が感じられないなら、引力がからだの内側を通って自分を下に引っ張るという、この微妙な感じが感じられる新しい立ち方を見つけ出してください……。

では今度は、さっきまで叩く役だった人が横になってください。ゆっくりと時間をかけて。大切なのは、横になる人は、まずは横になるという時間をとること。そしてその後で脚を十分に差し出してください……［引き続きスラッピング］……今、どの場所を叩いているとしても、あなた（叩く人）は叩くということにしっかりと自分を開いていますか？……横になっている人は、そのスラッピングに対してしっかりと自分を開いていますか？……あなたたち二人は本当に関わり合っていますか？……（叩く人に）脚をできるだけ高く上げてください……足を全ての面から叩くのも忘れないでください……（叩く人に）ではもうこれで十分だと感じたら、ゆっくりと脚を下ろしていってください。あなたたちが脚を支えてはいますが、どう下りていくかは脚にまかせて……足が引力によって引っ張られるがままに下りていけるように……いいですか？……刺激がどんなふうに自分に影響しているかを感じるのはとても面白いですね……では、今までスラッピングを受け取っていた人は、今度はもう一方の脚を差し出してください。「さあ今だ！」……「さあ今だ！」……「目覚めの時だ！」……「ありがとう、ありがとう、ありがとう！」という声が聞こえる人？……［スラッピングが続く］

叩く人は、もうこれで十分だと感じたらスラッピングを止め、しばらくの間、脚をそのまま手で支えておくか、または自分にもたせかけてください。そうすれば今までスラッピングを受け取っていた人はその脚を動かさないままで、何が今そこで起こっているかを静かに味わうことができるでしょうから。そして「そろそろ脚を下ろしても大丈夫だな」と感じたら、脚を下ろしていってください。早く下ろしすぎたり、あるいは落としてしまったりして、刺激に対する反応が起こるのを邪魔してしまわないように。反応のプロセスがそのまま続いていけるように……。

ではみなさん立ち上がっていきましょう……もう一度、引力が私たちの中を通り抜けていくようなやり方で……頭のてっぺんから首を通り、あなたという人間のあらゆるところを通り抜けていく、その引力を感じてください。この引力にどれほど私たちが影響されているのかが感じられるでしょうか……もし感じられないなら、何かを少し変えてみる必要があるのかもしれません……左右の目の間、左右の耳の間、左右の肩の間、左右の胸の間、左右のお尻の間、左右の膝の間、左右のかかとの間、左右の足の間――それらの場所のどこかに、左右にかかる重さが等しく通過していく点があります。

それはつまり、引力があなたの内側（のバランス）に作用しているということ……引力にもっと素直に従っていくためには、どんな変化が必要でしょうか？　その変化を喜んで受け入れることができますか……そう……ありがとうございました。ではもう少し近寄って座りましょう。

みなさんが、引力と自分自身との作用にすぐにはっきりと気づくようになるかどうかは分かりません。けれどももし今それほど鋭敏に感じていないとしても、ほんの少しだけその経験に近づくことはできるでしょう。私たちはまだまだ往々にして、引力に対抗しようと自分を固めてしまうことに相当な力を使っています。もしそれに気がつけば、あなたはその抵抗をほんの少し手放すかもしれません。あるいはまた、引力が自分のからだの中を通り抜けるのを自分が妨げている時には、それが感じられるかもしれません。S、そこの長い棒を取ってくれますか？［シャーロットが棒を受け取り、床に対して真っすぐに立てる。次に、棒をいろいろな角度に傾ける］これは立っているかしら？……これは？……これは立っているかしら？……［どの時にも、生徒から「ノー」との答えがかえる］……では、これが「立っている」のではないのだと、どうやってあなたは知るのでしょうか？

生徒某　そのポールの立て方が傾いているように感じられるからです。あなたが手を離したら、棒は倒れるはずです。［シャーロットが手を離し、棒が倒れる］

シャーロット　そう、わたしのこの手は、あなたがたの筋肉と同じようなものです。それが、あなたたちが倒れてしまわないようにいつでも支えてくれています。もちろんこの棒は木の硬い一部であって、私たちとは違っています。私たちにはたくさんの関節、たくさんの筋肉、それに靭帯がありますから。では今、骨盤を前に出して胸を引っ込めて立っていると想像してください。［シャーロットがやってみせる］この状態でも倒れないでいるためには、筋肉はわたしを支える必要があります。多くの人がこんな立ち方をしていますが、そのせいで彼らの筋肉はいつでも固められています。これが、私たちが自ら痛みを作り出している、その仕組みです。そのうちに神経が「もう！　こんなのは嫌だ」と言い始めるのです。

脚を叩かれている時、膝のところで脚を曲げると、脚を十分に伸ばした時ほどには満足できないというように感じた人はいるでしょうか？　多くの人が、脚の筋肉が凝らないように、こんなふうに膝を曲げて立っています。けれども、立ったからといって脚が凝るとは限らないのです。立つためにはふくらはぎを目一杯使ったり、膝を固定したりしなければならないという規則もありません。十分鋭敏に感じ取るならば、開かれた組織の全てを引力が通り抜けていくのが感じられるような立ち方が見つかるでしょう。私たちはそれを感じ取ることによって、立てるようになるのです。

こうして骨盤を突き出し、胸を引っ込めているわたしの「立つ」という行為は、どんなふうに見えますか？　わたしは腰の部分に緊張を感じています、それから肩の部分、そして膝にも……それに、かかとが床に押し付けられていて足でしっかり立つことができないわ。ですからゆっくりと、少しずつ、立ち方を変えていきます。「引力がわたしを通り抜けていく」と感じられるようになるまで……分かりますか？

ではみなさん立ってください……。

では今、自分の脚を、脚全体と足を叩いてください。［スラッピングが始まる］……ちょっと待って！［スラッピングが止まる］スラッピングは、強さではなく質が大事なのです。ピアノ[1]であっても、大きな躍動感をもたせることができます。フォルテシモ[2]である必要はありません！ いいですね？ ［再度スラッピングが始まる］……お尻の部分も忘れないで……さあ起きて！ 起きて！ ……そう……では自分がこれでもう十分だと感じたら止めてください。そして目を閉じて、ただ感じてください。「自分の内側のどこに重さを最も感じていますか？――自分を引っ張り上げるのではなく、わたしにかかる引力が、このからだを自由に通り抜けていける立ち方とはどんな立ち方でしょう……床の上に楽に立つにはどうしたらいいのか……新しい立ち方の可能性も時には試して……その可能性にほんの少し自分を開いてみてください……もしかしたらもっと楽にバランスがとれるかもしれません。

足も「立つ」という経験の一部だということに気づいていますか？ あなたは自分のからだの全てで床に立っていますか？……足も、その一部ですか？ それともあなたは足を床に押し付けて、床ではなく、足の上に立っていますか？……どうですか？……床の上に立つために、何かを変化させる必要があると感じている人は？ もし変化が必要なら、何を変える必要があるでしょうか？……変化の必要性をあなたに告げている感覚に従いながら「こっちの方がもっとぴったりする」と感じられるまで、新しい立ち方を探してみることができますか？ からだのどこも引っ張り上げないで、からだの全てで「立つ」ことができるでしょうか。そり返らず、横に傾かず……下向きの力に寄り添って……頭部や脳の部分も、引力にまかせて……もう頭を持ち上げなくてもよいように……。

では、もう少し近づいて座ってもらえますか。

私たちはまだ自分が発見したものについて全然話をしていませんね。このような本当に基本的なプロセスをたどっていくためには、わたしやチャールズから学んだことも含めて、これまで自分が学んできたことの全てを手放さなければならないと感じた人？　今、自分が何を感じているのかに気づくためには、まっさらで、新鮮な自分でいることが必要なのだと感じた人はいますか？……自分がどんなふうにして必要なものに反抗しているのかを発見することからも、私たちは必要なものへとより近づいていくことができます。見栄を張り過ぎていたり、無気力や無関心でありすぎたりしていた場合も……分かりますか？……あるいは、それを正しく、しかも今すぐに、やらねばならないという義務感を今もまだ感じているのかも？……わたしの言っていることが分かりますか？　つまり私たちは、自分がこの力について頭で「考えて」いたことはすっかり洗い流し、ただこの力に自分をまかせ、自分はそれとどんなふうに向き合っているのかを感じなければならないのです。では、あなたたちの発見を聞かせてください。

生徒某　自分の立ち方を手放した時、とても怖いと感じました。

シャーロット　あなたの立ち方って？

生徒某　「立つという動き」ではなくて、これまで通りの「ただ立つ」という立ち方です。

シャーロット　「これまで通り」とはどういうこと？

生徒某　それは〝膝を楽にする〟ということと〝立とうと努力しないこと〟だと「考えて」いました。

でもその考えを手放し、その代わりにちょっとだけ感じてみようとしたのです。そうしたら、恐怖感に襲われて。

シャーロット　そうですか。みなさん、新しい何かなんて想像できますか？　私たちがまだ知らないことがあるなんて！　怖くなったなんて、良かったわね。なぜならあなたは、自分が今本当に向き合っているものにもっとはっきりと目覚めたのですから……そうでしょう？

生徒某　立つということは、ある一つの動作というものではありませんでした。それは終わりのない旅のようなものでした。ある場所を自分が固めているのに気がつくたびに、そこが少し楽になりました。けれどもその後すぐに、それまでは気がつかなかった他の場所が固まっていることに気がつくのです。そしてそれがいい感じに整ってくる間に、最初の部分がまた固まってくるのです。わたしの注意は右膝から足の外側、それから首、肩、そして腰へと移っていきました。それらの緊張を手放すたびに「あぁ、これだ。これなんだ」と思ったのです。でもそれはその瞬間だけでした。結局最後まで「ついに辿り着いたぞ！　こうすればいいんだ」という感じには至らなかったんです。

シャーロット　みなさん、彼女は「楽になる感覚」を感じ取るのに懸命だったのが分かりますか？　けれどもそれは私たちの課題ではありませんでしたね。私たちの課題は、重力に従えるかどうかを見つけ出すことだったはずです。この違いが分かりますか？　もし重力に完全に身をまかせたら、何がそこに開けてくるのか？　それは「どうしたらもっと楽になるだろう」ということと同じ意味ではありません。

生徒某「楽」とわたしが言ったのは、筋肉でもって重力に逆らって前や後ろに自分を引っ張り上げようとしないという意味です。

シャーロット　そうですか。では、他には？

生徒某　からだの左側ではしっかりと地面とつながっていることが感じられました。あなたの言う地球の磁力を感じたのです。けれども右側で同じように感じるのはとても難しかったのです。二度目に立った時には、左側にはまだ安定した感じがありましたが、それほどしっかりとではありませんでした。肩と腕の部分に、下向きの力につながることから自分を妨げようとする何かがありました。

シャーロット　わたしが見たときは、あなたはかなりふんぞり返っていましたよ。あなたは立ってはいなかった……それを感じませんでしたか？……では、他には？

生徒某　最初に立った時、「生命が宿る木」という言葉が浮かんできたんです。そして、あまり感じ慣れていない感覚が脚の真ん中を通り抜けていくのに気がつきました。最初は骨の周りの筋肉が感じられていましたが、次第に骨そのものを感じるようになりました。そして自分の中を何かが通り抜けていくのが感じられたのです。

二度目に立った時にはエネルギー……というか、重さというか、引力というか……とにかくそんなものが床まで通り抜けていくのが感じられたと思います。それから肩や頭などのからだの部分が意識されてきて、しばらくそれと向き合っていました。けれども何といっても「生命が宿る木」ということが最も強く感じられました。

シャーロット　引力はそうした想像上のイメージとは全く違うものですよ。あなたは、自分がやっていることに誠実でなければなりません。そうでなければ困難な状況を自ら招いてしまいます。想像の中に入り込んでしまい、その想像にからめとられてしまうでしょう。十分に注意しなければなりません。その想像が興味深ければ興味深いほど、それにとらわれないように。分かりますか？

生徒某　一番最初は感覚が感じられたのです。そして、その後でイメージが自然に現れたのです。今はそれについて考え始めていますが。でもあなたはあのイメージは思考の産物だと思うのですか？

シャーロット　ええ。

生徒某　二度目のスラッピングの後で再び立った時、何か別の立ち方を見つけたくなりました。そこで今までスラッピングを受けていた右脚の感覚を使って実験してみたのです。右脚を少し前に出すと、体重が少し前方に移動しました。そんなふうにして、ある立ち方から、また別の立ち方へと実験を続けました。最後に座った時には、自分にそなわるこの調整機能が楽しくてしかたがなくなっていることに気がつきました。自分はそれを味わっていたんです……そういえば今朝、「美味しいから食べ続ける」ということについてあなたは話していましたが。

シャーロット　Ｋは立つことが好きなんですね……。

Ｋ、ちょっと前に出てきてもらえますか？　そこに座って、片脚をＭに差し出してください。Ｍ、ちょうど足の側面に手を沿わせて、彼の片足を受け取ってください。彼が足の横を感じられるように。そうです……Ｋ、脚が足へとつながっているのを感じてみてください……では、頭から足までもが、切れ目無くつながっているのも感じられるでしょうか？

みなさんもこれを試してみてください。一人が片脚を差し出し、もう一人は足の側面を手で受けま

す。足の両側に触れるためには、手を少し丸める必要があるかもしれません。そうすれば足の側面だけに触れることができますから。くれぐれも足の裏や、前の部分には触れないように気をつけてください……あなたのパートナーが、頭から足先までの連続性をしっかりと感じられるように触れてください……。

足を支えられている人たちは、肘や手を床に着いて、後ろによりかかることになるかもしれませんね……その態勢で、頭のてっぺんから足の先まで、あなたのからだ全てを自由に感じられるなら、そのままでかまいません……では足の両横の感じがしっかりと感じられたら、うなずいてください。そうしたらパートナーは、ゆっくりとその足を床へと下ろしてください……脚も床へと下りていくように。そうして脚を下ろした後も、まだ頭のてっぺんから足の先までの連続性を感じ続けていられるかどうか、感じてみてください……。

では、立ってみましょう。横になっている時と同じく、立っている時にも、床へと向かう下向きのつながりが感じられるでしょうか……それを感じるためには、床とどのように関わればいいのでしょうか……足の上に立つのではなく、床の上に立つためには？……立つことと横たわること、床に対するこの二つのアプローチに、何か違いを感じますか？

では、座ってください。ではもう一方の足をパートナーの両手に差し出してください……足を差し出している人は、足だけでなく自分の全てを差し出してください……どれほどの生命力が足には宿っているのでしょう。足の高さはどれくらいあるのでしょう……足の構造がより感じられるかもしれません。指、かかと、足の甲、土踏まず……どうですか、足が生き生きとしてくると、それはもはや木製の板のようではなくなりますね……それは、私たちの生命が形作ったもの……。

ではパートナーの手があなたの足から離れた後、もう一度立ち上がってください。立ち上がっていく時、足の存在を認め、それを無理やり床に押しつけてぺしゃんこにしてしまわないように。床の内側に押し入ろうとするのではなく、床の上に立つように……そうすれば体重はからだの中を通り抜けていけます。かかとや、ふくらはぎや、足で体重を止めてしまうのではなく、自分を支えてくれているこの場所に、体重が流れるように落ちていくのを許してください……足と足の間の間隔が狭すぎないか、あるいは広すぎないかを感じてください。そのどちらであっても、体重はストンと床まで落ちていくことはできません……。

こうして立っている間に、自分の足に高さがあるかどうか感じてみてください。体重が通り抜けていけるように､足に､高さと活力をあたえることができますか？……それとも足は体重の下敷きになって、すっかり萎えてしまっているでしょうか？　しばしば千分の一ミリの違いが大きな違いを生みだします。

では、今度はもう一方の人が脚を差し出しましょう……これはこの先三〇年をかけてでも試し続ける価値があることですよ。ここに、これまでは知らなかったような可能性が潜んでいるんじゃないかと、もうすでに感じ始めている人はいるかしら？……足を支えられている人たちは、自分のからだの生きた構造に気づいてください……それがどういう名前のどういう部位かなどと頭で考えるのではなく……ただ感じてください……頭から足までをしっかりつなげて……。足をもっている人たちは、今自分が足を支えている人たちとともにいますか？　あなたのエネルギーは相手へと伝わっていますか？　ただ〝何となく触れる〟のではなく、そのつながりの中に、自分を十分に投げ入れていますか？……できるだけ、足を左右に振り向けたりせずに、しっかりとしたつながりを保ち続けてください。パートナーの足があなたによって別の方向へ動かされないように……ではゆっくりと脚を下ろしていきましょう……手が離れていく時には、横になっていた人も、後ろにもたれかかっていた人も、手が離れていく様子を見ず、ただ感じてみてください。〝あるがままの感覚を許すなら、この通り抜けていくような感じやわたしの生命の動きは、どんなふうに感じられるだろう？〟と……それでは、ゆっくりと立ち上がっていきましょう……そうです。これまでしてきたことの影響を感じていますか？どうですか？

ではもう一度床へ腰を下ろし、もう一方の足をパートナーに差し出してください……あなたは足の横にそっと触れているパートナーの両手を、十分繊細に感じとっていますか？　それともそれに対して無関心ですか？……この関わり合いは、あなたの呼吸になにか影響を及ぼしているでしょうか？……パートナーがもはやあなたの足に触れていないとしても、パートナーの存在はあなたに影響を及ぼし続けるでしょうか？……。

それでは準備ができたと感じられたら、立ち上がって、今、どんな感じかを感じてみてください。足に触れられていた人たちも、触れていた人たちも、どちらもです……床の中に立つのではなくて、床の上に立つ。そこに違いはありますか？　床の上に立つことで、引力があなたの全身を自由に通り抜けていけるようにできるでしょうか。その力ゆえに、私たちは立つことができるのです……微妙な変化が必要なら、あなたの直感がそれが何かを教えてくれます。直感が伝えるどんなメッセージも大歓迎です。それを信頼してください。変化させてもしっくりこないなら、少しだけ変化させたものを、もっと変化させるという意味かもしれません。そういうふうにしていろいろ試すためのチャンスを自らに与えてください……そう。

では二人組になりましょう。R、こちらへきて座り、片方の足をわたしに差し出してください。今回はただ足に触れるのではなく、足の横側をしっかりと叩いていきます。その足がしっかりと目を覚ますように！［シャーロットが見本を示す］スラッピングを受けている人は、ただ後ろにもたれかかって〝パートナーに全部おまかせだ〟などとは思わないで。あなた自身、スラッピングにしっかりと参加してください！「さあ、起きて！」と。［スラッピングが始まる］……少しは目が覚めてきたかしら？そう？　良かった！……あなたの呼吸はこのスラッピングに対して何を言っているか聴こえますか？……さあ、両側を同じように。両手を使って……かかとの横も、どこもかしこも。できるかぎりはっきりと……さあ、起きて！……ではスラッピングを止めて、脚に起こってくる反応を妨げないようにゆっくりと、優しく、脚を下ろしていきます……。

これがあなたの全身、とくに頭脳にも役立ったことを願います。頭だけが経験から取り残されたりしないで、そこにもちゃんと刺激が伝わっていたことを願っています。どうですか？

ではもう一方の脚を差し出して……あなたのからだのどこもかしこもが、からだの下部で起こっているものを受け取り、変化の可能性を告げています。……「あぁ、握りこぶしを使って叩いてくれないかしら？　わたしは……草でできているんじゃないんだし……」。もしかしたらこんなふうに感じる人もいるかもしれません。だったら躊躇しないでください。そうやって起こして欲しがっている骨や組織があるということなのですから。そうでしょう？……では止めてください。そして立ち上がって、今、立つことが自分にどう感じられているかを感じてみてください……あなたの人生のこの瞬間に、強烈に感じられているものは何ですか？　下方とのつながりはどのように感じられていますか？……引力に自分を解放し、その力に自分をまかせる時、引力はどのようにあなたと関わってくるでしょうか？……これを面白いと感じる人？……そう。

では今度はパートナーに、同じことをしてもらえますか？……さあ、かかともスラッピングしてもらうのを待っていますよ……足の指の横側も……横の部分だけに触れることを忘れないで。小指と親指、両方の側を……足の長さの全ての部分を目覚めさせましょう……叩いている時、足の構造が感じられますか？　広くなっている場所、一番狭くなっている場所、その他さまざまな構造の違いに気づいていますか？……では、スラッピングを止めて、脚を下ろしていきましょう。その間も、パートナーがスラッピングの影響をしっかりと感じ続けられるようにゆっくりと……。

ではもう一方の脚も……横側だけ……そこにある骨を感じますか？　骨と組織に影響を与えましょう。そこに触れながら「起きて！　起きて！」とメッセージを伝えてください……ではこれで十分だと感じられたら、スラッピングを止めて……パートナーの脚を下ろしていきます……寝ころんでいる人たちは、立ち上がって「何が今自分に起こっているだろう？」と感じたくてウズウズしていることでしょうね。では準備ができたと感じられたら、起き上がってください……。

あなたは好奇心で満ちていますか？……目を閉じて感じてください。そして下向きの流れに注意を向けてみてください。この大地にしっかりと立つとはどういうことなのかを感じながら……重さが自由に通り抜けるとはどういうことなのか……あなたの全てを目覚めさせて……では全員立ち上がって、歩いてみたいと思います。

「歩いている時はどんなふうに感じられるのだろう？」と探りながら。答えを探すチャンスを自らに与えてください……もう少し早く歩いて……「歩いている時に引力を通り抜けさせるには、どうしたらいいかな？」……「引力に圧倒されずに、その影響をただあるがままに受け入れるためには、どうしたらいいのかな？」……。

内側にある生命の動き、そのさまざまな可能性を感じながら、さあ、もう一度、新しい立ち方で立ってみてください。……そして、何が必要かをあなたに告げる内側の声に耳を傾け、その声にしたがって変化を許すことができるかどうか、感じてみてください。……これは未知の領域に踏み入るようなものです。「より丁寧に感じ取ったなら、どんな声が聴こえるだろうか？　今の自分の『立つ』という行為は、何を必要としているのだろう？　それは、どうなりたがっているのだろう？　これまでとは違う、今・ここでの新しい行為としての『立つ』……しなやかさはどうだろう？……後ろにふんぞり返るのではなく、前につんのめるのでもなく、前と後ろの間で自分のバランスを感じてみたら、何が聴こえてくるだろうか？……」それを感じ取ってください。……そして「これが自分なりの一番バランスのとれた立ち方だ」と感じられたら、手をあげてもらえますか？……そう？……この感じは本当に微妙な感覚だと思う人？……ええ、そうね。そうですね……。

このワークは、誰でも、いつでも、することができるのだということが分かりますか？　そこに、床や敷物や草地……立っている場所がある限りどこでも……あるいは寝転がっている場所……歩いている場所でもかまいません。いつでも、どこでも、呼吸のための空気がそこにありさえすれば……。では、今日のところはもう十分でしょう。ありがとう。

セッション終了

一九八〇年八月八日（金）午前
モンヒーガン島、グループⅢ、セッション6

シャーロット　昨日の出来事について話したい人？
生徒某　自分の歩き方が変わったことに気がつきました。今はもっと軽く感じます。
シャーロット　あれほど小さな変化から、それほどの大きな変化が起こったなんてびっくりしますね。これまで眠っていた何かが目覚め、生き生きとし始めるというのは、あなたの全てが目覚めるということです。つまり、叩いたのは足だけではないのです。スラッピングは、あなた全体を通り抜けていったのです……他には？
生徒某　今朝、自分が感謝で満たされていることに気がつきました。そして踊りながら、濡れた草を感じていました。すると突然、逆立ちがしたくなったのです。そうして逆立ちしてみると、自分の高さをこれまでとは違う方法で感じることができました。脚をまた地面に戻した時、そういえば最後に逆立ちをしたのは二年も前のことだと気がつきました。背中を痛めて以来、ずっと逆立ちをしていなかったので。
シャーロット　なるほど。では、自然に逆立ちしようと思い立ったのですね。やりたくなったから、やってみたということですね。それは、昨日の「立つ」ことを経験するという私たちの実験と何か関係があると思いますか？……というのも、あなたが高さについて話していたので……逆立ちの時には、重力がどんなふうにからだの中を通っていくかがとても大事ですよね。少しでも前や後ろに傾いていたら、逆立ちの姿勢を保つために、筋肉を相当使わなければなりません。重心を感じながら立てば、左右・前後の筋肉がうまくバランスをとりあうことができ、逆立ちが楽に感じられるでしょう。これが、バランスのとれた状態にある瞬間のサインです。バランス状態に近づくほど、楽に感じられてくる。それに、生命の動きももっと感じられてくるのです。

では立ち上がっていきましょう。目は閉じて。まずは、自分の全身がもう少し目覚めていくための時間をとりましょう……立つために必要な変化は、どんな小さなものでもどうぞ受け入れてください……体重がどこを通って床へと向かっているか、それが感じられるやり方で、床へ触れていますか？体重はかかとの方に寄っているのか、あるいは親指の付け根の方に寄っているのか……前に傾いている人？……後ろに傾いている人？……なるほど。真ん中にある人？……そう。

では、まだ目は閉じたままで、床の上で小さくそっと揺れてみましょう――とても小さく。お尻や胸を曲げずに、十分に安定した状態でも揺れることができます。そしてほんの少し前に傾いた時はどんな感じがするのか、感じてみてください。では、後ろに傾いた時はどうでしょう……体重のかかり具合が変化するのを感じてみてください……前に傾いた時にあなたが感じているものは、それが何であっても、あなたの組織に影響を与えています……後ろに傾いた時、筋肉組織には何が起こっていますか……大事なことは、この揺らぎを完全に信頼して、それに身をまかせること……小さく揺れたい人？……そうですね。あなたがそれを受け入れる準備ができてさえいれば、揺らぎは自然に生まれてきます。……それを監視しようとしなければ、もっと感じられるでしょう……さらに、ずっと後ろに傾いたら何が起こりますか？……では今度は、真ん中を通り過ぎて、ゆっくりともっと前へと傾いていったら？……筋肉組織に対する影響がそれぞれに全然違っているのが感じられますか？……時間をかけて……足首の関節がゆるみ、自然な揺らぎが起こるように……。

では、この揺らぎを中断して、みなさん脚を軽く叩いてください。片方から別の脚へと。脚を新しくしていきましょう……太ももの後ろ、膝、ふくらはぎ、お尻……全ての部分を……では座ってください。

体重のかかり具合が変化するのが感じられましたか？……筋肉組織への影響が感じられた人は？……なるほど。筋肉があるって素晴らしいことだと思いませんか⁉……私たちにとって、筋肉は身を守るものでもあります。もしそれがなかったら、私たちは崩れ落ちてしまいます。ですから筋肉に変化が起こること……それも自然に……はとても興味深いのです。分かりますか。では、前に傾いた時には何が起こりましたか？

生徒某　膝が固定されるのを感じました。つんのめってしまわないように、しっかりと膝が固まるのを感じました。

生徒某　前に傾くと、足の指が床をつかもうとし、ふくらはぎの内側が硬くなりました。

シャーロット　そうね、それらは大きなサポートですね。さもなくば、あなたは前に倒れ込んでいたでしょう……他には？

生徒某　背骨の一番下の部分にたくさんの動きを感じました。前に傾いた時にはそこに小さな痛みを感じました。その部分がぐーっと伸びているような感じでした。

生徒某　前に傾いた時、肩から首にかけての筋肉にこわばりを感じました。そしてこれは首で自分を引っ張り上げようとしているせいで起こる特有の痛みだな、と思いました。

シャーロット　そうですね。もちそん、それは「余分（必要以上）」なもの。

生徒某　ええ、「余分」を感じたんです。

生徒某　前後している時に、あごに何かを感じました。

シャーロット　そう。では、後ろに傾いた時はどうでしたか？

生徒某　わたしにはとても怖かったです。これくらいだけは後ろに揺れられましたが、それ以上だと倒れそうになりました。ですから、ほとんど後ろには揺れることはできませんでした。背中の上側の多くの部分がこわばって……首と頭部もガチガチでした。恐れれば恐れるほど、あちこちがこわばっていきました。

シャーロット　怖いと思うようなところまでは行かないで。

生徒某　でも、そうするとほとんどと言うか、全然、後ろに揺れられないんです！

生徒某　後ろに傾いた時、ああ、これが自分の普段の場所だなと気がつきました。それから気づいたのは、その姿勢を保持するためには、自分の後ろに壁のようなものを作る必要があるということです。

だから肩と背中を持ち上げることで、それを作り上げているのです。前へ傾いた時には、肩が下がりたがっているのを感じました。もはや、そこに、そうして上がっている理由などないからです。そこでは自分は、あるがままでも十分に下からのサポートを受けているのだと感じました。自然にまかせるようにしてみると、脚が緩み始め、実際にはほんの少し前に傾いただけなのに、ものすごく前に傾いたように感じました。

シャーロット　私たちがゆっくり、丁寧に感じ取りながら動く時には、どんなに小さな動きでも、とても大きく感じられますね。ちょっとしたことであっても果てしなく感じられたり。

生徒某　わたしも後ろに行くのは怖かったです。前に行くのはとても簡単でからだ全体が一つにつながっているように感じられました……でも後ろに行くと、ブレーキというか、腰のところでからだが折れ曲がりました。そのおかげで、胸と頭の重さで後ろに引っ張られずに、そのまま立っていることができたのです。

シャーロット　でも、からだを曲げないで傾くことができるかどうかを見つけ出すのが私たちの課題でしたね……ですから、そうすることであなたは自分に与えられている可能性以上のものをつかもうとしていたのですよ。

生徒某　その間中ずっと、頭と肩の重さがバランスをとろうとして前後に動いているのが感じられていました。肩から下の部分は、比較的楽に前後に揺れることができたようです。けれども頭の位置や重さには、かなり注意深くならなければなりませんでした。さもないと前や後ろに行き過ぎてしまうので。もしかしたら、頭で考え過ぎていたのかもしれません。

シャーロット　そう、頭の中の考え、ね。

それではみなさん、そのポールを手に取ってください［どのポールも一八〇㎝以上の長さ］……では
ポールを床に立てたまま、それを少し前後に揺らしてください。あなたがポールをがっちりと握りし
めなければ、それは床の上で自由に前や後ろへと動かせます。それが感じられますか？　ポールとあ
なたは一緒に動いているのです。試してみてください……少し前に倒して……少し後ろに倒して……
ポールがあなたの動きに沿っているかどうか……。

とてもゆっくりと、とても小さく。体重があなたを通り抜けて床へと向かうのが感じられるように
……自分を一番軽く感じられるのはどこですか？……頭を後ろにそっくり返らせないように気をつけ
てください……あなたは「(ポールではなく)立っている人間」としてこの実験を経験しています……
あなたが一番楽に「立つ」のは、どこですか？……「ここが一番楽だ」と感じられたら、それを「こ
こ」と小さく言葉にしてみてください……［時折誰かが「ここ」という声を発する］……「ここが一番
楽だ」と感じられたら、その場所にとどまって、今の自分を十分に感じ取ってください……床の上へ
の体重の配り方を変化させると、どのように感じられますか？　その変化にあなたは興味をもってい
ますか？　かかとへと体重が落ちていくのはどんな感じでしょう？　あるいはもっと前方では？　真
ん中を通っていく時は？……一番楽な場所へと辿り着いたら、手を挙げてもらえますか？

はい。ありがとう。では、脚と足首をもう一度軽く叩いてみましょう……ふくらはぎも……それら
の部分が息を吹き返すように……。

では床にポールを立ててください。……持ち上げるのではなくて、床の上に立てるのです……大切なのは、床にポールを押し付けないこと。そしてポールを使って自分を上に引っ張り上げようとしないこと。ポールが、あなたたちの先生です。いいですか？　ポールに起こる出来事は、あなたがそれを許しさえすれば、あなた自身にも起こりえることです。ではもう一度試してみましょう……。

目を閉じて、しばらくの間、静かにそこに立ってみましょう。床の上でポールが自由に動けるように、ポールに楽に触れているのを感じてください……そうすれば何かが自然に始まります……感じ始めた時から、筋肉組織には微妙で繊細な変化が起こります……しばらくして、最も軽さを感じる場所に辿り着いたら、そこにとどまってください……体重がそれ自体で重さを分配していくのを感じるのはとても面白いものです。もっと、もっと重さがかかってきたり、ずっと少なくなったり……筋肉の働きがよく感じられるのはどこですか？　そしてそれほどには筋肉の働きが必要ではないと感じられるのはどこでしょう？……。

しばらくすると、筋肉組織の働きが必要な場所、あるいは必要ではない場所に、変化が起こってくるのが感じられるでしょう。それを感じられるからこそ、必要でない場所において、自ら作り出してしまっている緊張を手放すことができるのです……立っていることが一番楽だと本当に感じられる場所へと辿り着いたら、そこでしばらくとどまってください……楽にとどまってください。そこで自分を固めてしまわないで……そして、今、自分がどこにいるのかを感じてください……あなたが一番楽なのは、かかと寄りの時ですか、それとも足先へ傾いている時でしょうか？　それとも、それ以外のどこかかもしれません……もしかしたら、からだの側面の部分かもしれません。一番楽に感じられるのはどこなのか、見つけてください……それを感じるためには、ゆっくり、丁寧に動く必要があるのではないですか？

ありがとう、みなさん。ではみなさん床の上に寝ころんでください……そうやって横になりながら、床の上に重さがもっとも等しくかかるのはどこか感じてみてください……それは、あなたの内側のすべての部分が等しく満足できる場所でしょうか？……それを許すかどうかは、私たち次第です……。

さあ……それではもう一度立ち上がってみましょう。今度はポールをもたずに……そして手を胸の下の部分に当ててみてください。そしてもう一度前後に揺れてみましょう。鋭敏に、そして繊細にそのタッチが感じ取れるように、とてもゆっくりと……そこに手を当てていると、そこがもっと広がっていく感じがしますか？　それともそこに安らぎを感じますか？……自分を前へと押し広げようとしないでください。もしそうしているのが感じられたら、それを手放して。広げようとすることを手放すのです……自分が必要だと感じたら、いつでも手を下ろしてくださいね……そして次に手を上げる時には、前に広げようとせず、ただ安らかに、この小さな揺れだけを自分に許せるかどうかを感じてください……どこが一番楽な場所ですか？……ではまた胸に手をおいて……今、自分は楽でいられるでしょうか……肺、胃、そして心臓を引っ張り上げたりしないで……あなたの内側で、それらはちょうどいい場所に落ちついているでしょうか？……。

自分を引っ張り上げないで、ただ呼吸を感じてください。それがどんなにかすかな呼吸であっても、あなたの組織がどれほど柔軟にその呼吸を受け止めているかを感じてみてください。……どうですか？……では、またゆっくりと手を上げていきます。そして感じてみてください。「自分を広げなくてはならないだろうか？　それとも、そうせずとも内側の器官をただ楽にすることはできるだろうか？……自分を上へ引っ張り上げようとせずに、体重がまっすぐ下向きに落ちていけるようにすることができるだろうか？」……では、一番楽な場所が見つかったら、そこにしばらくとどまってください。そして、地面に体重を押し付けるのではなく、ただそこへ向かって体重が流れていくのを感じてみてください……手を離し、腕を下ろした後でも、この下向きの感じをあるがままに感じることができますか？……途中で何かに引っ張り上げられることなく、からだの内側の全てが、下向きの流れに開かれていられるように……。

では、少し周りを見回してみましょう……ゆっくりと……私たちがどんなふうに立っているか、見てみてください……では少し近寄って、座りましょう。

シャーロット　私たちが立っている光景の中に、どんなものが見えたでしょうか？……その光景は、あなたにどんな印象を与えたでしょうか？

生徒某　誰もがもっとずっと安らかに見えました。それに、みんなそれぞれに違う立ち方をしていました。わたしは、ここにいる人たち全員を知ってはいましたが……こんなに違っていたなんて！

シャーロット　不思議ですよね？　他にもそれに気がついた人は？……いったい何が起こっていたんでしょう？　このワークがあなたに与えた影響を感じましたか？　私たちは何かを試すために、とても長い道のりを旅したのですよ。全ては、体重のかかり方と関係していましたね。つまり……下へ向かう流れ。それについて誰か何か話したいことはありますか？……どうぞ？

生徒某　昨日ワークで歩いていた時、足の下の床の感覚を丁寧に感じ取ってみました。床はとても柔らかに足を受け入れてくれましたが、それでいてしっかりとわたしを支えてもくれました。そのおかげで、わたしはこの世界を歩き回れるのですね。今日、ポールをもって歩いた時には、床と関わり合う感じと、自分の足が床のどこへ着地するのかということが最も強く印象に残りました。足から上の部分は、足の裏がどれくらい床と触れているのか、そしてどの部分が触れているのかということに応じながら動いているように感じられました。足の裏は、まさに自分の体重が通り抜けていく場所であることに気づくと同時に、そこと床との関わり方が変わると、それがどんなに微妙な変化であっても、内側の全てがそれに応じて変化することに気がつきました。

ポールをもって前後に動くのはとても興味深いものでした。そして横に揺れた時は、自分が左の脚に体重を預けきれていないことに気がつきました。骨折した方の脚です。自分では預けているつもりだったのです。体重を全て左に移して、左脚だけで立つこともできますし。だから右脚にかけるのと同じだけの体重を左脚にもかけているつもりでいました。けれども、指にかかるポールの重さは、まだ右に偏っているのに気がついたのです。それでもっと左へ体重を預けることを自分に許してみました。これこそ左右同じだと感じられる体重配分を両脚で感じてみたのです。すると、右脚に大きな負荷がかかっているのが感じられました。この大きな負荷のせいで、わたしは右脚に何が起こっているのかを感じていなかったのだと気がついたのです。

シャーロット　なるほど。私たちはしばしば不必要なものでも手放さずにいますね。それを感じた人は他にもいますか？　そしてこれは、体重のかけ方だけのことではなく、私たちの生活の他の多くの物事についても同じなのです。過去には必要だったけれども今ではもう必要でなくなったもの、そうしたものを私たちは相変わらず持ち続けているのです。

生徒某　骨盤と腰の辺りにかなりの痛みと緊張があるのに気がつきました。

シャーロット　ようやく！　何がその痛みと緊張をつくり出しているのか感じられましたか？

生徒某　一瞬ですが、ここだと思える立ち方を見つけた瞬間に、本物の快感が自分を通り抜けていくという経験をしました。その状態にあるのが、完全に楽だと感じたのです。けれども自分がいかに外側に体重をかけているのかにも気がつきました。ですから、まぁ、感じるよりも、鏡でそれを見られたらいいなと思ったのです。それがどんなふうに見えるのか確認するために。

シャーロット　そうね。その気持ちが分かる人？　人間はいつでも今・ここの場所ではなく、その一歩先にいるんです！　あなたはもう少し求めていた、そうでしょう？　最近のニューヨーク・タイムズに、アメリカン・ドリームについての面白い記事が掲載されていました。誰か読みましたか？　人はいつでも、もっともっとと飽かずに何かを求めるのです。今より多くを求めて未来に目をやるのです。今ここにあるものには決して満足はしない——すでに十分以上のものを手にしていたとしても。なぜなら彼はつねに今の自分の一歩先を見ているのだから。それがアメリカン・ドリーム。……気をつけなさい！……いいですか？

生徒某　頭で考えるのを手放すよう言われた時、足が重さを調整しようとするのが感じられました。そして、ここだと感じられる場所になった時にはいつでも、腰回りとお尻が解放される感じがするのに気がつきました。

シャーロット　その部分を引っ張り上げないでよくなったのですね。

生徒某　動き始めた時には、自分がまたそこを固めているのだとは気がつきませんでした。けれどもちょうどその「ここだと感じられる」場所になるたびに、腰全体が解放される感じがするのです。それで次にそれが感じられた時には、自分が動いている時のいったいどの時点でその部分を固めてしまうのか感じてみようとしました。

シャーロット　なるほど。彼女が言う〝ちょうどその場所〟とはどこでしょう？　それがどこだったか……それを自らに問いかけてください。一番よいと感じられた時、自分がどこにいたか答えられる人はいますか？　最も楽だと感じる場所がどこかにあったでしょうか？

生徒某　楽さと軽さの兆しを感じさせ始める場所はいくつかありました。けれどもそれを認識した途端、その感じはサッとわたしから去ってしまうのです。

シャーロット　そう。こうしたことを見つけ出すためには、私たちには完全な内側の静けさが必要だと感じた人？　ただ傍観しているのではなく、全身全霊でこの場にいること、全身全霊で感じることが必要なのだと感じた人は？　私たちの感受性はどこまでも拡がっていきます。ですから観察する必要などありません。

生徒某　わたしは本当に素晴らしい発見をしました。三一年間かけてようやく「あぁ、これだ。奇跡的な発見だ！」と思える場所に辿り着いたのです！　それは横揺れをしている時でした。左の方へ体重を移動させようとした時、わたしの左脚が「違う、ここだよ！」と告げたのです。わたしは全く困惑してしまいました。なぜなら、その声に従うためには立ち方を完全に変えなければならなかったからです。わたしは、ちょうどよい場所はもっと右側に寄っているはずだと思い込んでいました。けれどもそれは、左脚を使わずに立っていることだったのです。これには全く気づいていませんでした。今までの立ち方では、左脚の置き場をどこにも見つけられないのです。それから、ブルブル震えているかのように感じられる場所があるのにも気がつきました。その震えを感じる場所は一カ所だけではありませんでした。

シャーロット　そう。あなたはどこにいましたか、あなたが……。

生徒某　震えていた時？　分かりません。

シャーロット　なるほど。けれどもあなたがその場所を特定できたかどうかは、さして問題ではありません。さて、揺れるワークは楽しかったですか？　これは素晴らしい瞑想法です……自分自身を完全にゆだねること……本当になんて素晴らしいのでしょう！　みなさんもだんだんとそれがより分かってくると思います。

生徒某　その場所へ近づいた時、呼吸の中にとても心地のよい自由さを感じました。まさにそこに辿り着いた、という感じでした。

シャーロット　なるほど。そうですね。あなたが体重をからだの中心ではなく外側へかければ、もちろんそこにもっと重さを感じるでしょう。筋肉もその動きに応答し始めます。それが自然なのですから。つまり、あなたが筋肉組織に何かが起こっているのを感じられるということは、それが機能しているということです——もちろん、筋肉で自分を引っ張り上げ、固めてしまっていない限りですが。それとこれとは別物ですから。これは、正しいとか間違っているというようなものではありません。ただそうである、というだけです。

では、みなさんに腹這いになってもらいたいと思います……頭の部分は横に向け、片方の頬または耳だけが床につくようにしてください。そして頭以外のからだの部分には、どこも十分に重さが配分されているように。

さて、今あなたたちは背中を下にして寝ころぶのではなく、床にからだの前面を着けて寝ころんでいます……あなたの内側が機能していることを感じさせるような感覚が、からだのどこかで感じられますか？……この動きに対する筋肉組織の反応が感じられますか？　それは、この動きに応答しているでしょうか？……もしもどこかに抵抗があったり、あるいはその動きに対して硬く緊張している場所が感じられたなら、その動きがより自由に応答できるように、小さな変化を自分に許してあげることもできます……。

床があなたの動きを感じているのが感じられるでしょうか？……あなたの内側の機能は、自分が横になっているこの床に対して開かれているでしょうか？……からだのどこかを伸ばし過ぎているように感じますか？　もしかしたら胃や下腹の部分はそれほどスペースを必要としていないかもしれません。もしそうなら少し変えてみてください。自分を伸ばしすぎないですむように……もしからだのどこかが内側の動きに応答するためにもっとスペースを必要としているのが感じられたら、その声を受け入れ、その声に従って少しずつ変化を起こすこともできるでしょう……あなたの内側で感じられる背中の部分、そこにも何かの動きがあるのが感じられますか……頭の後ろを通り、首、肩帯、胸の後ろ、腰、骨盤、そして脚へと下る動き……背中側に起きているこの内側の動きに対してあなたは開かれているでしょうか？……これら内側の動きがからだの組織を通り抜けていくのを、もう少し鋭敏に感じ取ることができますか？……。

おそらく、呼吸にも影響があるでしょう……あなたの周りの空気にも影響を及ぼしているはずです……背中の周りはどうでしょう？……この動きがどんなふうにからだの中を動いているのか、どんなふうにからだの前と後ろに同時に拡がっていくのかを感じられるでしょうか……もしかしたら、前後だけでなく、すべての方向へ何かが動くのが感じられるかもしれません……もうしばらくこれを感じ続け、準備ができたと感じられたら、目を閉じて、ゆっくりと立ち上がってください。

内側の動きが語りかける声は、どんなふうに立ちたいとあなたに告げていますか？　あなたは、からだの前も後ろも、等しくその声に導かれるのを許すことができますか？……どちらかを優先したりせずに?……その内側の声をこころから信頼して立つのです……自分をどこかで固めたり、どこかを過度に引き伸ばしたりしないで立てるように……あなたはどこに「立って」いますか?……からだの前も後ろも、内側の動きに対してしなやかでいられるでしょうか……どちらの側も同じように?……これまでに経験したことのない立ち方が現れるかもしれません……自らの感覚にのみ従うのです……内側で起こっている出来事にもっとも繊細に反応しているのはどこですか?……その場所が見つかったら手を上げてください……そう……いつもと違う立ち方だと感じている人は?……なるほど、そうですね……今の立ち方を目で確認しなくても、何が違っているのか感じられるはずです……。

では目を開けて、二人組になってください。パートナーがいない人はいませんね。……では一人は四つばいになりましょう。パートナーは、その尾骨のところから軽く叩いていきます。［シャーロットが見本を見せる］……そのまま背骨に沿って、頭のてっぺんまで叩いていきます。背骨をずっとなぞるようにして上へ上がっていくのです。背骨の周り全てを目覚めさせてください。

［タッピング（指で軽く叩くこと）が始まる］……からだの中央にある骨、背骨だけを叩いてください。四つばいになっている方の人はタッピングをしっかりと受け入れるために、何かを少し変える必要があるかもしれません。内側の反応性もまた、タッピングに対してより敏感になってくるかもしれません……ではタッピングをしている人は、十分にタッピングをし終わったら、こんどはパートナーの両脚の間に立って、からだの横側をタッピングしてください。腰のあたりから脇までを両手で軽く叩い

ていきます。分かりますか？……このタッピングも同じ意味ですよ。「さあ、起きて！　内側よ、目覚めなさい！　あなたが生きているということに内側で気づいて！……」

ではタッピングを止めて、一歩下がってください。床に膝をついている人たちはしばらくそのままとどまって、「内側の動きが通り抜けていくのはどんな感じがするか」という問いの答えを感じ取ってください。……ではそれを感じながら、ゆっくりと立ち上がっていってください。そして今の自分の立ち方にそれがどんな影響を与えているかを感じてみてください……できれば、すぐにいつもの習慣的な立ち方へと落ち着いてしまうのではなく、感じ取ってください。「この感じは、自分をどういうふうに立たせたいのだろう？……背中とからだの横側に、内側のしなやかさを受け止めるためのスペースを許すことができるだろうか？……今、自分は、いったいどこに立っているのだろう？」ということを。……いいですか？……。

では役割を交代をしましょう。タッピングをする人は、背骨にそって叩くのを忘れないように。頭の後ろを通って頭のてっぺんまでを叩いてください……背中の真ん中をすっかり通り抜けるように……［タッピングが再び始まる］タッピングされている人は、そのタッピングに対して何かしらの変化が必要だと感じられたら、どうかその変化を許してください。それをできる限り十分に迎え入れられるように……目覚めなさい！　内側よ、目覚めなさい！　変化を許して……ではタッピングをしている人がこれで十分だと感じられたら、止めてください……そしてタッピングを受けていた人は、それが自らの内側の目覚めに、どんな影響を及ぼしているのかを感じてみてください……それではタッピングをしていた人はパートナーの脚の間に立って、今度はからだの側面を軽く叩いてください。打ちつけるのではないですよ、軽く叩くのです！……それがしっかりとからだの中に浸透していくように……さあ友よ、起きて！……。

では止まって、みなさん四つばいになってください……内側の動きを、からだの全ての部分により均等に配分することができるかどうか感じてみてください……あなたの有機的生命が機能する筋肉組織という場、骨格の周りの筋肉組織のそこここが、内側の動きをしなやかに受け止めているのを感じられるでしょうか……もしどこかを緊張の鎧で固めていたならば、それをほんの少し手放して……どこかを塞いでいたならば、そこを開け放して……内側が求める声に従ってください……。

では肘を床に着けてください。四肢が床にペタリと着くように。こうしてからだを少し沈めると、内側の動きがからだの中にどれくらいのスペースを必要としているのかが少し感じやすくなるかもしれません。……首の後ろや頭部も、その動きが通り抜けていくためにしなやかさを必要としています。あなたはそれを許すことができますか？……。

ではこの動きを感じながら、起き上がっていきましょう。自分の中で起こっている出来事を壊さないように、ゆっくりと、繊細に。起き上がる中で、もしかしたら新しい立ち方が見つかるかもしれません。内側からの声が求めるものに従ってください……背中は「一本の骨」ではなく、そこには約二五本もの骨があるのですよ。いえ……それ以上です！　背中は直立した硬い木の一枚板ではなく、しなやかさをそなえているのです。……どこも固める必要はないのです。ただ内側の動きにそこを明け渡して……その可能性は、どんな立ち方へとあなたを導くでしょうか？

では両手を胸の下へ置いてください。あなたはまだそこを引っ張り上げようとしていますか？　それともそこは安らかに落ち着いているでしょうか……感じてみてください……そこには内側の動きに応答できるだけのしなやかさがあるでしょうか……そうです……何かが自然と湧き上がってくるのを自分に許してください……自分で何かを作り出そうとはせずに……。

ではもう一度床の上に横になり、自然と現れてくるものを感じてみてください。もし自分で何かを作り出そうとしているのが感じられたら、それを手放して。何かを作り出す必要などないのですから……。

では、背中を下にして横になりましょう……今回は足の裏を床につけて、膝を曲げて横になってはどうかしら。どこに足をつければ脚が自由になりますか？　その場所を見つけてください。……胸、骨盤、肩の周り……それらの場所が内側の動きに応答するのと同じく、床にも応じているのが感じられるでしょうか……その応答が、あなたと床との関わり合いを居心地のよいものへと導いてくれるのです……ではもう一度、胸の下に両手を当ててください。そして、そこに何が起こっているのかをただ感じてみてください……そこにあなたが〝作り出した〟ものではなく、そこで〝今起こっている〟出来事をあるがままに感じるのです。……この一瞬、一瞬に、あなたの内側では何が起きていますか？……それは瞬間ごとに変わるかもしれません……。

今、あなたは二つの方法で触れられています。一つはあなたの手があなたに触れている、そしてもう一つは、床があなたに触れています。その二つの間にあなたがいる……それを目で確かめることなく感じることができますか？……手をもう少し下、横隔膜のあたりにまで下ろしてみましょう……そして手が置かれているその場所と床の間では何が起こっているのか感じてみてください……ではもっと下、胃のあたりへと手を移動させてください……そしてまた、床と手の間で何が起こっているのかを感じてください……ではさらに胴体の一番下へと手を移動させ、床と手の間で何が起こっているのかを感じてみてください……手は胴体の一番下、脚のすぐそばまで下ろして……。

では両手を重ね合わせ、それを静かに額へとおいてください……そして時間をかけて、手と床の間で何が起こっているのかを感じてみてください……。

それでは最後に両手を胸の上においてください。その部分をすっかり感じられるように、手はいっぱいに広げておいてください。そしてまた、手が置かれているその場所と床の間で何が起こっているのかを感じてみてください……では手を離して、自分の前面に触れるものは何もない状態で、自分の中で今何が起こっているのかを感じてみましょう……内側の動きを……床との関わり合いを、そして願わくば、あなたの周りの空気との関わり合いに気づきながら……。

セッション終了

1　《音楽用語》弱く小さく演奏する。
2　《音楽用語》極めて強く。

重力・スペース・エネルギー

アラン・ワッツとの共同ワークショップ、第3セッションより
一九六二年頃　カリフォルニア・サウサリート

シャーロット　わたしは、重力とスペースについてのディスカッションに強く興味をひかれました。それからもう一つ、昨日はごく軽く言及しただけでしたが、エネルギーへの問いも同じく興味深いものです。昨日ワークを始める前に話していたことを覚えていますか？　私たちは、健康な回復プロセスとはどういうことかを話していましたね。それは、回復のプロセスを妨げているものを手放し、再生を促すことでした。プロセスを阻害している力を弱めていかない限り、回復は起こりえません。阻害力が弱まるのを機に、有機的生命の機能がバランスの取り戻しを図り、そこに回復のプロセスが始まる余地が生まれるからです。

手短に言うのは難しいのですが、とにかくこれはスペースに関わる問いであり、またアランの言う重さに関わる問いなのです。つまり、私たちはある密度をもった組織なのだということであり、それ

がつねに地球の重力にさらされているということと関係しているのです。地球の奥深くから磁気の力が作用して、私たちが空中に飛び出してしまうのを防いでいるとは何と驚くべきことでしょう。もしこうして私たちを引っ張る力がなかったとしたら、私たちは宇宙のどこかへ投げ出されてしまうのです。この力のおかげで、私たちはこうして地球上に存在しているのです。けれども私たちがあまりにもエネルギー過多の状態にあると、その力を感じることはできません。横になったり、立ったり、座ったり、歩いたりするためにちょうど必要なエネルギー量だけを私たちがそなえ……そしてまた内的に目覚めているならば……この繊細な引力を感じることができます。

これは何にもまして魅惑的な性質なのです。この繊細な引力があなたにこう語りかけているのです。「こっちにいらっしゃい。わたしについておいで」「安心なさい。さあ、こちらですよ」と。引力に身をゆだねる時、それは大きな安らぎとなります。

けれども花や動物も含めて、有機的生命の働きが病み、十分なエネルギーをもっていない時には、引力は有機的生命自身を消耗させてしまいます。地球の引力が私たちの活動力をすっかり奪ってしまうこともあるのです。落下現象においては、たとえば一本の木の内側にほとんど樹液の流れがなく、エネルギーが枝の隅々や葉にもはや行き渡らなくなった時、木の葉が落ち始めます。葉はただ落下していきます。地球の引力が葉を引っぱり下ろすのです。そして、元々は葉であったものは地球の内側へと引っぱり込まれ、少しずつ時間をかけて、地球（大地）の一部になっていきます。そしてそこからまた新しい生命が生まれてくるのです。これは全てを内包する壮大なサイクルなのです。

この引力は全ての人間にかかっています。けれどもまた、これとは別の素晴らしい出来事も同時に起こっています。引力は、私たちを下向けに引っぱると同時に、有機的生命の内側にある上向きのプロセスを促してもいるのです。引力の問いに対する答えがそこにあります。それはつまり、引力はエネルギーを作り出しているということです。

わたしはいつも、生命あるものにそなわる自然の機能について話をします。たとえば下向きの引力は木にもかかっています。引力に引っぱられながら、同時に木は大地から水を吸い上げ、隅々にまでそれを運びます。それは、この木から生え出る葉の一枚一枚をエネルギーで満たします。つまりここには、相反する営みがつねに起こっているのです。引力がエネルギーを作り出してもいるのです。そしてエネルギーと引力とが同じ強さである時、そこにバランスが生まれるのです。私たちがバランスのとれた状態にある時、不思議なことに、広がりの感覚、スペースの感覚が生まれます。誰かそれに気がついたことがありますか？　とても不思議なのです。それだけでなく、エネルギーによってつくり出された軽さと、重力による重さとの間の相互作用もまた感じられるのです。

これは物理的プロセス、あるいは宇宙的プロセスとしての点からのみ解明されうるものではありません。これには異なる側面からの理解も可能なのです。無気力な人間がどんなふうに見えるか、みなさんもご存知でしょう。彼はうなだれて、無反応で、活気がありません。そんな人が何かに関心を呼び覚まされた途端にシャンとします。つまり、彼はしっかりとからだを起こすのです。そうなれば、彼が何かに満たされていく様子にあなたが気づくのに時間はかかりません。彼はこれまでとは違うように座り、これまでとは違うように呼吸し、彼の内側の様相はすっかり変わっていきます。そして、創造性に満ちあふれた状態と多くの物事との素晴らしい関わり合いにおいて、バランスとエネルギーの調和……過多でもなく、過少でもなく、まさにちょうどよいバランス状態が、生まれるのです。ですから、ある人の姿勢を見れば、その人が創造的な状態にあるのかどうか、退屈しているのかどうかが見てとれるのです。それは一瞥しただけで分かります。もちろんこうした違いが、彼の内側を満たす幸福のせいだとは誰も気がつかないかもしれませんが。

私たちは、多かれ少なかれ、これらのことをほとんど意識していません。ですから今、あなたがたに一つ注意しておきたいと思います。これらのことにいったん気がついたら、きっとあなたはそれに取り組もうとし始めるでしょう。けれども「よし、頑張らねば！」と自分で自分に言い聞かすようなやり方では、それに取り組むことはできません。わたしが見るに、何が起きているのかに気づき始めた人は、往々にして呼吸をコントロールし始めてしまいがちです。呼吸をコントロールし、呼吸を型にはめようとし始めるのです。これは、内側の反応性の自然でおおらかな発現とは全く異なるものです。それならいっそ全てを忘れてしまっている方がよっぽどいいくらいです。そうすれば物事はただ起こるべくして、起こりますから。アラン、自発性についてあなたは何と言いましたか？「目的をもって物事に向き合う態度と、自発的であることは同時には成立しない。それは必ずどちらか一方の形をとらねばならない」でしたね。

ですから今日は、このとても繊細な課題にみなさんとともに取り組みたいと思います。そうしなければすっかり崩れ落ちてしまうからという理由で、多くの人びとが筋肉の力だけで自分を引っ張り上げようとすることに慣れてしまっていますから。けれども彼らの内側は空洞です。だったら本当は、いっそ崩れ落ちてしまった方がよいのです。なぜなら自分を引っ張り上げているのは、自分に嘘をついているのと同じことだからです。彼らは、内側にある生命の力のサポートを受けとってはいないのですから。

わたしたちの内側には、何百個もの生きた器官や組織があり、それらは全てそれぞれのスペースを必要としています。内側の生命の動きが小さすぎる時には、そのスペースを確保するために、私たちは筋肉の力を使って自分自身を引っ張り上げねばならないと考えています。けれども本当は、そうするのとは逆のアプローチが必要なのです。まずは自分に正直になることが必要だということです。つまり、（崩れ落ちようとしている）今の自分自身の本当の状態が、あるがままに現れるのをまずは自分に許さなければならないのです。これを許さない限り、いかなる変化も望めません。なぜなら私たちに宿る自然の力は偽りの中には現れてきませんから。それは本当でない物には近づいてこないのです。ですからもしあなたがうなだれているなら、それを十分に受け入れてください。そうすれば、この状態には耐えられなくなる瞬間がいつかやってきます。そうしてあなたは内側のバランス状態、内側の健やかさ、その他いろいろな名前で呼ばれるそうしたものたち……に近づいていくのです。そこでは自然な生命のリズムがあなたをしっかりと支えてくれます。筋肉を無理やり使って外側から自分を引っぱり上げる努力はもう必要ないのです。

ではみなさん、立ち上がってください。そうして静かに立ちながら、有機的生命としてのあなたが、その内側からどのようにエネルギーを受け取っているのか感じてみてください。頭の部分も含めて……「あなた」という有機的生命にそなわっているものを一つ残らず感じてください。髪の先から足の裏まで、自分のすべてに気づくのです……。

腕を解放してください。それらが自由にぶら下がっていられるように。そうすれば、そこにも生命の息吹があることを感じられます。あなたは、腕と手が生き生きとしてくるのを許すことができるでしょうか？　それらがあなたにつながっている鎖のようなものではなく、あなたのからだの一部であると感じることができますか？……。

立っている自分が、この空間のどれくらいのスペースを占めているのか、気がついていますか？……。

自分を引っ張り上げている人たち、どうかゆっくりとそれを手放していってください……自分というスペース、引っ張り上げられることなくただありのままの自分が占めているスペース、それを経験できるように、とてもゆっくりと、自分を引っ張り上げることを手放すのです……。

そうして静かに立ったまま、自分の中に、生命のプロセスが行き渡る感覚があるかどうか確かめてみてください……それがどうやってあなたを支えているのかに気づいてください。それはあなたをどのような立ち方へと導きますか？……。

自分の中にある生命のリズムを感じてください。たとえば、あなたの内側を通っていくエネルギーの流れを感じますか？　それともあなたの中を何かが循環している気配を感じるでしょうか？　その循環がスムーズに流れるように、あなたの全身で、その循環を受け入れていますか？……。

今、呼吸にとらわれることなく、またそれを意識的に変えようとすることもなく、ただ呼吸の声に耳を傾けることができますか？　あなたの立ち方は、今のあなたの呼吸とどう関わり合っていますか？……。

今、こうしてこの立ち方で立っている時に、あなたの中に何が起こっているのか感じていますか？……リズムや流れ、それ以外も。それらを観察しようとせず、今起こっている出来事に直接触れるのです……。

もうしばらくの間、こうして静かに立っていましょう。そしてわたしの問いに耳を傾けてくださ い。「そこに何かの動きが感じられますか？　完全な静けさの中にある時にも、そこにリズムが感じられるでしょうか？……下から……大地から、あなた自身を感じてみてください……あなたのスペースが始まる足下の地点から、あなたのスペースが終わる地点まで……あなたの全てを感じてください……」

終わり

訳者あとがき

センサリーアウェアネスが初めて日本にやってきたのは一九八五年のことです。一九七一年にエサレン研究所でセンサリーアウェアネスのワークを受けた伊東博先生が、そのワークの深さにこころを動かされ、帰国後チャールズ・ブルックスによって書かれたセンサリーアウェアネスに関する本の翻訳に取りかかられました。この本は『センサリー・アウェアネス――「気づき」――自己・からだ・環境との豊かなかかわり』として一九八六年に出版されましたが、現在は残念ながら入手困難となっています。またこの時期から、本の翻訳と並行して、伊藤先生はシャーロット・セルバーと彼女の夫のチャールズ・ブルックスを日本へ招き、日本でセンサリーアウェアネス・ワークショップを開催するという構想を描いていらっしゃいました。

ところが実際にその構想が現実のものとなるまでには、一〇年以上の歳月がかかりました。それが叶ったのが一九八五年、本が出版される一年前のことです。当時すでに八四歳と高齢だったシャーロットは、日本へセンサリーアウェアネスを伝えるという役目を、日本での生活経験をもつジュディス・O・ウィーバー博士に託しました。シャーロットのこの選択が、その後、日本人である私たちにとっていかに幸運なものとなったかは、ウィーバー博士のワークショップを経験されたことのある方ならよくお分かりかと思います。

それから後ウィーバー博士は二〇一四年の現在にいたるまで、毎年少なくとも一度は日本を訪れ、センサリーアウェアネスのワークショップを提供されています。この間に多くの方々が彼女のワークを経験し、センサリーアウェアネスのリーダーとしての彼女の名前は日本ではシャーロットに劣らぬほどに馴染み深いものとなりました。

本書『センサリーアウェアネス――つながりに目覚めるワーク』（原題 WAKING UP — The Work of Charlotte Selver）は、序文にも書かれているように、シャーロットが行ったワークショップの録音テープをもとに逐語録を書き起こし、それを編集したものです。本書の中では触れられていませんが、逐語録の作成には、上記のウィーバー博士と彼女の夫ベン・ウィーバー氏が一九七〇年代の初頭にとりかかっています。これを元にして、リトルウッド氏とロシェ氏がその後を引き継ぎ、編集を加え、現在の形になりました。全ての作業が完了し出版にいたったのは二〇〇三年で、シャーロットがその生涯を閉じた一年後のこととなりました。

本書の翻訳にあたっては、いくつかのチャレンジがありました。その一つはリトルウッド氏が「逐語録について」の中でも述べているように、オリジナルの逐語録にはドイツ語を母国語とするシャーロット独特の言い回しや単語がそのままに残されていることにあります。これをそっくりそのままに日本語に翻訳することは不可能です。そこでウィーバー博士に相談し、どうしても日本語に映しかえるのが難しい部分は、言葉そのものではなく、シャーロットの意図した内容に焦点を当てるという方法で翻訳作業を進めることにしました。

結果的には、この作業には多大な時間がかかることとなりました。というのも、部分的であれ、翻訳がどうにも行き詰まってしまう箇所でのシャーロットの意図を汲み取るためには、センサリーアウェアネスというワークの全体像をしっかりと理解し、その上で、いくつかの選択肢の中からもっともしっくりくると感じられる日本語をあてていかなければならないからです。しかも行き詰まる箇所は、たいていが大きなパラグラフの中の最初の一文だけであったり、あるいは一語だけであったりと、本当に小さな部分なのですが、訳し終えてみると、これらの箇所こそが、後に続くワークの流れにおけるキーポイントであることが見えてくるのです。

そこでこうした部分を一つ一つ徹底的に拾い出し、ウィーバー博士との何十時間にもわたる電話や直接のやりとりを通して、二人でシャーロットの意図を再現しいくという作業を行いました。この意味で、ウィーバー博士は、この本のもう一人の翻訳者だと言っても決して過言ではありません。

また別のチャレンジとしては、その時・その場において生きられている経験や会話を、文字による記録として固定するという逐語録の性質にありました。逐語録からは、会話がなされた状況において生きられている経験の大部分が抜け落ちてしまうために、例えばコンテクストの異なるある部分と別の部分で、あたかも相互に矛盾しているかのように受け取れる言葉がシャーロットの口から述べられているのです。

ですが、これらの発言においては、あえてそこに注釈をほどこさず、そのままますすめることにしました。なぜなら、この本を全て読み終え、センサリーアウェアネスの全体像が少なからず見えてくれば、おそらくシャーロットがその場で言わんとしたことが読者の方々にも感じられてくるだろうと思ったからです。シャーロットの言葉を音として捉えるのではなく、その意味されているものを捉える時、一見したところ矛盾しあっているように思われる箇所が、実は深い部分で同じ事柄の異なる側面からの言い換えなのだと感じられてくるだろうと思います。

センサリーアウェアネスに関する本が最初に翻訳出版されてから約三〇年の歳月がたち、ようやくこうして二冊目の翻訳が出版されることになりました。この出版は、ひとえに多くの方々からの熱意と支えによって実現したものです。

ビイング・ネット・プレス社の野村敏晴氏、そしてジュディス・O・ウィーバー博士には、この作業の同行人としてわたしと共に旅をし、支え、導いていただきました。また、片桐ユズル氏、アメリカのセンサリーアウェアネス・ファウンデーションからも出版にあたって大きな援助と励ましをいただきました。感謝いたします。

そして、これまでセンサリーアウェアネスのワークショップを日本で開催し続けてくださったワークショップ・オーガナイザーの方々、また参加者の方々一人ひとりにも感謝の意を捧げます。みなさんのこれまでの思いや活動や熱意や根気強さが集まって、ここにこうして一冊の本が世に送り出されることとなりました。

ここにおさめられているシャーロットの言葉は、時に優しく、また時には妥協を許さぬ強さで、私たちの内側を揺さぶり起こすだろうと思います。この本を通して、彼女は今なお私たちに「目覚めなさい！」と呼びかけています。惑星的規模の大きな変化に直面し、ともすれば不安や悲しみや孤独や恐怖へと迷い込んでしまうような私たちのこの時代に、「ただ感じる」ということを通して、私たちに生の豊かさと知恵を示し続けてくれるシャーロットとの出会い、その奇跡と幸運にも感謝いたします。

読者のみなさん一人ひとりのこころへと、シャーロットの声が届くことを願って。

齊藤由香

二〇一四年七月

【著者と編者について】

シャーロット・セルバー／ウィリアム・C・リトルウッド／メアリー・アリス・ロシェ

アメリカにおけるセンサリーアウェアネスの創始者シャーロット・セルバーの教えは、そのほとんどが彼女のクラスを録音したオーディオ・テープの形式でしか残されていません。1970年代の後半、シャーロットは、クラスでの生徒たちとのやりとりをも含んだこれらのテープから一冊の本を作るという途方もない仕事をリトルウッドに委託しました。そうして作られたこの本は、どのページも、シャーロットが読者に語りかける声で埋められています。

ウィリアム・C・リトルウッドは長年にわたるシャーロットの生徒であり、また一時はセンサリーアウェアネス・ファウンデーションが発行する刊行物の編集も務めていました。彼はセルバーのワークについて書かれた最初の本 Sensory Awareness : The Rediscovery of Experiencing（邦訳『センサリーアウェアネス――「気づき」――自己・からだ・環境との豊かなかかわり』）の完成にも多大な貢献をはたし、その著者チャールズ・ブルックスからは、「溶鉱炉でぐちゃぐちゃに溶かされたかのようだったこの本の構想は、リトルウッド氏の力によって形あるものへと鍛え上げられた」と、彼の働きに称賛と感謝の意が述べられています。

一方のメアリー・アリス・ロシェもまたシャーロット・セルバーの長年の生徒であり、センサリーアウェアネスやその他についての著作を残しています。彼女はまたセンサリーアウェアネス・ファウンデーションの創設に大きな貢献を果たし、その努力がみのって1971年にセンサリーアウェアネス・ファウンデーションが現実のものとなりました。その後、彼女はファウンデーションにおける最初の文書保管人となり、編集者としても活躍しました。現在ある刊行物のほとんどは彼女の編集によるものです。彼女は人生最後の数ヶ月間を本作“Waking Up”の出版作業に費やし、2004年7月、帰らぬ人となりました。

【訳者紹介】

齊藤由香（さいとう・ゆか）

立命館大学大学院応用人間科学研究科修士課程卒業（人間科学修士）。薬剤師として病院・調剤薬局・診療所に勤務した後、立命館大学大学院応用人間科学研究科修士課程に入学。2007年より1年間、アメリカ・サンフランシスコの California Institute of Integral Studies（カリフォルニア統合学研究所）に留学し、仏教および統合医療を学ぶ。2006年よりセンサリーアウェアネスを Judyth O. Weaver に師事。2011年よりセンサリーアウェアネス・ジャパン代表。

協力
◉
センサリーアウェアネス・ファウンデーション
http://www.sensoryawareness.org/
カバー写真／ジュディス O. ウィーバー
◉
センサリーアウェアネス・ジャパン
http://www.sensoryawareness.jp/

センサリーアウェアネス
つながりに目覚めるワーク

2014年10月28日 初版第1刷発行

著　者　シャーロット・セルバー
編　者　ウィリアム・C・リトルウッド
メアリー・アリス・ロシェ
訳　者　齊藤由香
発行者　野村敏晴
発行所　株式会社 ビイング・ネット・プレス
〒252-0303 神奈川県相模原市南区相模大野8-2-12-202
電話 042（702）9213
FAX 042（702）9218
装幀　島津デザイン事務所＋矢野徳子
印刷・製本　モリモト印刷株式会社

ISBN 978-4-908055-00-3 C0011